"以爱育爱"教育丛书

丛书主编：李烈　　丛书副主编：芦咏莉　冯红

研之趣

北京第二实验小学
主题研究课案例集（上册）

马丽英◎主编

宿　慧　黄利华◎副主编

Yan zhi Qu

科学出版社

北京

内 容 简 介

《研之趣：北京第二实验小学主题研究课案例集（上、下册）》收录北京第二实验小学"主题研究课"实践探索案例 39 篇，其中上册收录1～3 年级的 24 篇，下册收录 4～6 年级的 15 篇。每篇案例都真实再现全体师生共同经历确定主题、提出问题、自愿结组、绘制思维导图、制定任务单、设计体验方案等，在探究中开展多层面的研讨过程。每篇案例集教师团队的智慧，以满足学生的学习需要、实现师生在研究中共同成长为目的，着力培养师生对任何一个事物都能透过现象看本质，进行多元系统的思考与探究，构建宽而融的认知系统，形成立体的思维品质。

本书为学校及家庭开展探究性综合学习提供丰富的内容与方法，适合小学教师和家长朋友阅读。

图书在版编目（CIP）数据

研之趣：北京第二实验小学主题研究课案例集. 上册 / 马丽英主编. —北京：科学出版社，2017.6
（"以爱育爱"教育丛书 / 李烈主编）
ISBN 978-7-03-053069-1

Ⅰ.①研… Ⅱ.①马… Ⅲ.①课堂教学-案例-小学 Ⅳ.①G622.421

中国版本图书馆 CIP 数据核字（2017）第 125402 号

责任编辑：朱丽娜 / 责任校对：赵桂芬
责任印制：张克忠 / 封面设计：润一文化

科学出版社 出版
北京东黄城根北街 16 号
邮政编码：100717
http://www.sciencep.com
新科印刷有限公司 印刷
科学出版社发行　各地新华书店经销
*
2017 年 6 月第 一 版　开本：720×1000　1/16
2018 年 3 月第二次印刷　印张：16 1/2　插页：2
字数：290 000
定价：59.80 元
（如有印装质量问题，我社负责调换）

"以爱育爱"教育丛书编委会

主　编　李　烈

副主编　芦咏莉　冯　红

编　委　华应龙　马丽英　孙津涛　王春伟　胡　兵

　　　　张　建　田颖红　黄利华　王冬梅

本书编委会

主　编　马丽英

副主编　宿　慧　黄利华

编　委（按姓氏笔画排序）

李　杰　李玉新　李爱丽　李雪峰　刘　伟

刘　铮　宋　征　张　丽　陆宇平　杨永敏

庞　军　段川燕　姚　健　梁学英

以爱育爱，使教育梦想扬帆起航

教育之发展，首先是思想之发展。名校之特征，首推鲜明、先进且鲜活的教育思想或办学思想。唯有此，才能被世人传颂，才可能在教育史上留下浓墨重彩，被后辈传承与发展。

北京第二实验小学，一直都是首都小学教育的一面旗帜。1997 年，我接任北京第二实验小学校长一职。如何站在前辈深厚积淀的基础上，集当时教育研究之大成，提出学校发展的新思路、新思考，是我当时面临的首要课题。最终，以己推人，我提出"双主体育人"办学思路，将教师之"教育主体"与学生之"学习主体"齐肩并存，并强调两个主体在教学相长过程中的"互育"以及对己负责过程中的"自育"，即双主体共同成长。"以爱育爱"，和"以学论教""以参与求体验""以创新求发展"一起被提出，成为"双主体育人"办学思路的四大支柱，贯穿学校教育的全过程、全方位。

先进的教育思想，源自于历史积淀中的不断传承与发展。作为百年老校，"爱"始终是北京第二实验小学教育的主旋律。在百年校史中，大家熟悉的各位教育前辈，如陶淑范先生、霍懋征先生、关敏卿先生、马英贞先生、姚尚志先生等，都一再提出爱在教育中不可替代的重要地位。如"不爱教师的校长，不算好校长""没有爱，就没有教育""不爱学生的老师，不算好老师"……以爱育爱，再次强调了爱在教育中的重要性，不仅明确了爱是教育手段——即教师的"爱"应贯穿教育的全过程，渗透在教育的全方位；而且突出了爱是教育目的——育出学生的"爱"，是教育的首责。

2003 年 9 月，时任总理温家宝来我校参观，听取汇报之后，在感慨之余挥毫题写了"以爱育爱"四个大字。自此，"以爱育爱"成为北京第二实验小学的品牌与标志。

随着学校"以爱育爱"教育实践的不断深入，"以爱育爱"已经从教育过程中"教师—学生"之间爱的激发、培育，逐步引申到学校管理中"管理者—教师"之间爱的激发、培育，再扩展到学校发展环境与系统中"学校—社会（家长）""家长—孩子"之间爱的激发、培育。由此可见，"以爱育爱"对各教育要素之间相互作用的关系，对宏观、中观、微观等不同层级的教育系统健康发展，产生了广泛而深远的影响。

与此同时，随着"全人"发展的深入解读，在北京第二实验小学，"爱"被明析为两部分：一是以"爱探索、爱思考、爱研究"等行为特征为代表，"爱"成为学生认知发展的核心内容与动力，并以"人"字的左撇来标示；一是以"爱他人、爱社会、爱国家、爱世界、爱自己"等行为特征为代表，"爱"成为学生社会情感发展的核心内容与动力，并以"人"字的右捺来标示。也就是说，借着"人"字的结构，其一撇（认知发展）一捺（品德发展）共同撑起学校教育中的全"人"发展，构建出"以爱育爱"的两大领域与核心内容。

近 20 载"以爱育爱"教育实践的不懈探索，北京第二实验小学创造出新的佳绩，迈入新的辉煌。

首先，塑造出一批优秀名师和一个以"美丽、智慧、快乐"著称的和谐教师团队。通过以爱育爱，改变教师的心智模式、加强和谐团队建设，培养教师的归属感。通过以爱育爱，提升教师的教学策略、促进学生有效成长，培养教师的效能感。归属感和效能感相辅相成，共同构成了北京第二实验小学激发教师主动发展的"∞教师成长模型"。一批名师就在这样的充满爱和研究的和谐氛围中不断探索、实践，逐步成长、成熟，形成了对教育教学的独特认识。参与本丛书编写的施银燕老师（《行走在数学与儿童之间》)、周晓超老师(《游走在自我发展与成就学生之间:青年教师掬水留香的教学生活》)、许颜老师(《心的成长:心智能力的培养与发展》)是其中的代表。教师及其团队的成长与成熟,正是"以爱育爱"教育思想(《爱的智慧:北京第二实验小学爱的教育故事》)、"双主体育人"办学思路(《以爱育爱:双主体育人实施手册》)最具代表性的成果。

其次,打造出一系列彰显学生主体的参与式特色课程体系。遵循"爱"的左撇,学校在特色课程建设中,充分关注探索任务的真实性与趣味性,充分关注探索过程的参与性与挑战性,充分关注探索结果的价值性与推广性,以最大程度地调动学生探索、思考和研究的欲望。遵循"爱"的右捺,学校在特色课程建设中,充分关注自主与选择、统筹与规划、分工与执行、冲突与合作、责任与担当等各种核心品质的培养,基于现实情境展开人格的塑造与社会情感的培养。于是一系列广受师生、家长喜爱的特色课程诞生,如低年级的主题板块、中高年级的主题研究课,学科平行选修课,国学"思与行"课程,立体的书等等。本丛书采撷了其中两束[《研之趣:北京第二实验小学主题研究课案例集(上、下册)》《数之乐:玩着游戏学数学》],与大家分享。

另外,还构建出凸显"目中有人"的学校系列文化。随着学校双主体之主体作用的不断激发,学校逐步走向从制度到文化的转型。围绕教师、学生两大主体,首先构建出教师文化、学生文化,同时分别衍生出了教师群体中的党员文化、学生背后的家长文化。遵循以爱育爱,围绕教师、学生之间的互动,创生出了学校的课程文化与课堂文化。同样,遵循以爱育爱,基于学校管理中"教师第一"的思考,又构建出学校的管理文化和制度文化。最终和校园文化一起,形成了凸显目中有"人"的北京第二实验小学九大文化体系。这其中,对于同行而言,最具有特色的当属学校"生本、对话、求真、累加"的课堂文化。尤其关于对话,在长达 5 个学年之久的科研月中,呈现的都是学校教师团队不断探索的内容,最终围绕"教师勇敢地退,适时地进",围绕"课前参与—课中研讨—课后延伸"总结出了系列的教学策略包。在本丛书中,我们以语文、数学学科为例,提供出近年来或者受到大家好评，或者颇有研究价值的课例（《徜徉在语言文字间：北京第二实验小学语文案例集》《有滋有味的数学：北京第二实验小学优秀数学研究课荟萃》），供读者批评指正。

不愿意当将军的士兵，不是好士兵。这句话推崇的是理想、信念在专业成长中的意义和价值。我深感认同。有鉴于此，我想说：真正爱教育的人，一定有一个教育梦想。作为一位从教 40 余年的老教育工作者，我以为：以爱育爱，使教育梦想扬帆起航。

最后，诚挚地感谢科学出版社的领导、同仁，尤其是付艳、孙文影等编辑，是她们的全情投入，使本丛书几经周折，终于顺利出版。在此代表所有沐浴在"以爱育爱"旗帜下、成长于"以爱育爱"沃土的二小教师们，对科学出版社的工作团队，和历年来关心、支持北京第二实验小学成长、发展的各界朋友，表示衷心的感谢！

2016 年 12 月

于新文化街 111 号酬勤堂

在探索中前行的主题研究课

"我们最喜欢上主题研究课了！"

"我也喜欢，因为能学到很多很多课本中没有的知识！"

"全年级同学在一起学习，我要更加努力，因为'山外青山楼外楼'！"

"原来觉得科学研究离我们很远，是很复杂的事，但现在我们也能做研究了，还能从多个角度思考问题"，一个孩子自豪地说，"我学会了从书本上、从网上搜集资料，还学会了做小实验、访问别人和做调查！"

小主题，大学问——主题研究课让学生学会多角度认识事物，多层面提出问题，多途径实践体验，运用各学科知识，与伙伴合作探究……这是学生从主题研究课的学习中感悟到的。

自从 2010 年 9 月学校开设"主题研究课"，并排入课表，这门新课就逐渐成为学生的最爱。因为它满足了学生尝试用习得的方法对感兴趣的话题去发现、去体验、去探究、去分享的愿望，因需而设的课程怎能不赢得学生的喜爱呢？

一、我们的思考

学校"双主体育人"办学理念的核心是育人，是促进师生自主发展能力。学校"学森课程"建设的宗旨亦是促进学生全人发展。开设"主题研究课"是经过反复思考的：纵观国外的基础教育，不难发现，我国师范教育就是专业培养的模式，教师从事的是单一学科教学，而国外师范教育是综合培养的模式，教师从事的是全科教学。在课程设置上，我国基础教育就是分学科，按照学科的知识系统，进行纵向的、"条状"的学习，学生的学科基础知识扎实，但思维视角相对单一；国外从基础教育开始，侧重的不是学科知识的系统学习，而是激发学生认识真实生活中的各种事物，从不同侧面对同一事物的认识，是从一点辐射出多条线，最终形成网的"块状"学习，多学科融合的探究性学习。学生的思维视角开阔，善于思考，乐于发现，解决问题的实践能力强。纵观我们的孩子，在学生时代所参与的学习更多的是学科式的，各个学科"窄而深"。但真正解决问题，都不是靠单一学科解决的；靠的是综合的、立体的、多元的思维方式。因此，从这个角度出发，我们开设了"主题研究课"，培养学生对任何一个事物、任何一个问题、任何一个现象，都能够多角度、多面向、多元地、系统地去思考，构建"宽而融"的认知系统，形成立体的思维品质。这正是培养具有创新意识的未来人才所需要的，也是学校育人的目标。

二、我们的探索

如何在真实的生活中教会学生学会思考、学会交往，学校教育面临的最大挑战是课程设置是分学科的，教师是从事专科教学的，学生在校接受的是各个单一学科的学习，如何引领师生从学科本位的思维模式中解放出来？在践行学校"双主体育人"理念的实践中，注重"研究"、注重"整合"是学校倡导的工作方法，教师们率先行动起来，在整合研究中力求建立系统思考，提升效率。回想起来，"主题研究课"的创设，是建立在"学习沙龙"和"年级大课"卓有成效的探索之后的。

2006年开设的"学习沙龙"是学生自发组织开展的互动交流活动。学生沙龙前期有学生个体的研究，也有群体的研究，包括选题、分头准备、选择交流形式、张贴海报等均是不拘形式的研究交流，完全由学生自主完成，教师因需给予指导。学生沙龙主题内容从课内学习内容到学生感兴趣的课外学习，如"交通中的数学问题""各国的饮食文化""国粹京剧""享受长跑""我家有个巴西龟"等。活动中，从主持人到主讲人都是有备而来的学生，参与提问、回答的是现场自愿参加的学生或老师。我们发现学生已经能够从真实的生活中发现丰富多彩的课题，学生从发现问题，生成小问号，到探寻答案的研究过程中，进行了各式各样的思考。他们已经超越了学科界限，能够综合运用所学知识，思维的视角越来越开阔。

因为"学习沙龙"是在午休时间举办的，有限的30分钟无法满足学生充分交流研讨的需要，为了让学生中个性化学习积累的宝贵资源发挥出更大的作用，教师们开始尝试围绕学生关注的话题进行交流研讨，2009年"年级大课"应运而生。"年级大课"是教师引导学生围绕话题进行自主学习，遇到问题可以求助各个学科的教师，从而将各学科教师的智慧汇集到一起，形成多学科的思维碰撞。从学生结伴合作到班级交流，推举出代表到年级展示，学生对话题的认识不断深入；从台上的宣讲，到台下的互动，师生共同交流，乐在其中。从"我眼中的金融危机"，"秩序——文明的象征"到"我们关注的天气"，一堂堂年级大课吸引着整个年级的师生，成为综合学习的新模式。

2010年9月，学校利用现有的资源，率先在四至五年级开设"综合学习课"，并排入课表，每周两节课连排，从时间上保证综合学习的实施。随着"综合学习课"的开设，四至五年级的教师团队智慧有了新体现，教师围绕综合学习课的教学目标的制定，主题内容的选择，研究方法、交流方式的多样化，以及如何确保每个学生都能有新的收获等进行细致的研究。学生的学习状态有了新变化，积极提出关注的话题，主动地收集相关信息，自发地组成研究团队，自主创新交流形式……带动更多的伙伴投入其中。一个学期的实践研究，在不断总结、完善综合学习的教育目标中，我们有了更多的共识：综合学习是促进师生自我发展、全人发展的有效载体，有助于发掘人的潜能，建立系统思考、形成立体思维。学校将"综合学习课"设置为校本课程，全员参与课程改革创新的实践研究。

三、主题研究课

2011年2月各年级遵循学生认知发展的规律，有计划地开展综合学习研究。一至三年级在确定学习主题后，学科教师在课堂教学中引导学生从学科视角探究主题研究的途径和方法，最重要的是教学生运用学科知识去提出问题、发现问题、思考问题、解决问题，拓展学生的思维视野，朝着建立系统思考的培养目标努力。

四到六年级开设主题研究课，每周两课时连排，纳入课表。年级任教的所有教师均参与综合学习课的研究实践，和学生一起在研究交流的过程中成长。实践中，我们更加重视学生的全员参与和个性化，鼓励学生大胆提问，通过共同确定研究主题、设计任务单，提供对主题研究的多个学科视角，提供多种可供选择的研究方法，提供多回合、多层面的交流空间，为有效探寻解决问题的方法提供必要的帮助。

2012年，学校在总结交流中将"综合学习课"定名为"主题研究课"。因为各年级的研究内容都是一个主题，而且从年级学生提出的五花八门的话题中层层聚焦，师生达成共识后确定。虽然全年级的学生共同研究一个主题，但每个学生研究的切入点是各不相同的。在全面认识了研究主题的基础上，对自己特别感兴趣的内容进行重点研究。班里兴趣相同的伙伴自愿结合成小组，确定研究的具体问题。在这个基础上，通过交流又打破班级界限，在年级范围内将研究问题相同的组再整合，建立跨班级的研究组，聚焦于主题研究的几个大问题，在老师的引领下展开研究与交流，随时总结、提炼研究的收获，探讨遇到的新问题。最后是全年级的大课交流，各研究组的学生代表介绍研究的过程，用喜欢的方式展示研究成果，在现场进行师生即兴问答的互动交流，最后由指导教师做总结提炼，让更多的学生在分享中受益。一个主题基本上能延续一个学期，这是最初研究的一个重点。主题研究课发展到今天，课程的主题、目标没有变，但我们深刻感受到研究的方式在原来的基础上又升华了、拓展了，老师和学生不论是设计还是研究的层次又提高了。这个研究当初设定的最终目的就是形成学生多角度、多面向、立体系统的一种思维方式。这种思维方式对人的高品质生活、幸福指数有影响。有这样一个例子：现在成人在社会上的幸福与他的思维方式相关，如果一个人思路狭窄，从一个角度钻进去就出不来了，在他的人生中常常苦恼多、挫折多。如果多角度、多面向的思考，用一种互逆的、可以转化的思考方式，那么他遇到任何问题绝不是僵化的、呆板的、单一的，他一定拥有多角度、多面向的思维方式，这就决定了他的生活质量和品质。因此，为学生未来奠基、为师生的幸福人生奠基就成为主题研究课实践探索的核心价值。

主题研究课是学校学科教师全员参与的课程改革探索。全体教师和学生一起参与研究，可以集教师团队的智慧以满足学生的学习需要，实现师生在研究中共同成长的目的。在年级组核心团队的带领下，围绕师生合议产生的一个主题，进行全方位的了解与诠释后，再由学生结合自己的兴趣，运用已有的知识、已有的能力，以及他们可以关注到的方方面面去聚焦主题，提出研究问题，自愿组成研究小组，制定多视角的任务单，开展多层面的系列研究与交流。尽管年级不同，研究主题各异，师生对每一个主题的研究都会共同经历从对主题的综合思考到提出个性问题，从个性问题研究再到聚焦主题新思考的研究过程，即从整体到局部再到整体的系统思维过程。

主题研究课中的"主题"紧扣学生的生活，从学生需要来。"研究"是一种经历，一种体验，目的在于保护学生探究的兴趣。我们的探索始终关注过程中师生的研究体验。在这个过程中教师也面临挑战和成长，教师团队探索适合学生主题学习的方式，在不断完善自身学科教学的同时去关注研究的主题，进行多视角、综合、系统的思考，并吸纳来自学生层面的对事物的认知和思维创意，形成具有高站位、多元化、立体、比较系统的思维，并在研究探索过程中不断丰富，不断调整，最后作用于学生共同研究的过程中，同时也作用在学科教学中。教学方式的改变，必然引领学生学习方式的改变。学生通过主题研究活动形成的思维习惯，思维方式的改变，又会提升从学科教学里吸纳的知识，跨越学科界限运用在综合研究过程中。所以"双主体育人"的两个成长在这个过程中得以实现。现代的思维方式应该是系统综合的、动态开放的、创新自觉的。主题研究课的探索目标就是朝着促进师生构建现代的思维方式而努力。

在"主题研究课"的学习中，"任务单"发挥着重要的作用。从开始的单一任务单向多份过程任务单转变。单一任务单是把所有学科罗列出来，学生必须先从不同学科视角去独立思考，查找相关资料，构成对主题的全面了解。最初的这个起点、过程就是有目的、有意识的，让学生面对一个问题从不同的学科——考虑、研究，而不是直接就对自己感兴趣的学科开始研究。过程任务单是伴随着学生对主题认识的不断丰满，形成思维导图，进而自主选择研究的重点。如实记录研究过程，学生自己制订研究计划、制订新的任务单，伴随研究进程的深入，任务单成为伴随学生研究的新目标。

中国人的思维方式受中国历史和文化的影响，常常是整体把握，关注的是相互之间的联系和转化，中国人解决问题的方法常常是折中的，即用中庸之道来解决问题。中国思维方式之一是模糊，有其价值，但有时缺少创新性，缺少在整体把握中特别深入、细致地区分一些东西、做进一步研究，即缺少一种科学研究的方法。再说直接一点，应该善于发现问题，分析问题的原因，找到解决问题的对策，然后反思、提炼。从这个角度感悟我们的主题研究，先有整合然后分类，更需要区分，才能出现新的思考问题的方式、方法，这个思考方法就是善于发现问题、研究问题、解决问题直至研究出创造性的东西。因此，今后的研究不再仅仅是简单的整合，整合后还要重新打乱、分类，提出新问题，引发进一步的分析、研究，以及解决问题的途径等。

伴随着实践探索的深入，学校定期进行主题研究课的总结、交流。2013年1月21日，学校260多位教师与30位家长代表，同北京第二实验小学教育集团各校区和"李烈校长工作室"的校长们与教育部、北京市西城区有关部门的领导和专家们一起研讨学校开创的主题研究课。随着每个年级教师代表的汇报，来宾提问，老师、家长代表争相解答，台上台下互动交流的情景深深感染着与会者，老师与学生的研究成果角度之新颖、观点之清晰、涉及内容之广泛，让来宾对师生们的研究能力惊讶不已，来宾们对主题研究课给予了高度评价和高站位引领。

北京教育科学研究院院长方中雄说，主题研究课的探索做得非常好，且这种探索符合课程改革发展的方向，符合小学教育的规律，切实把学生引领到生活中去，去研究，去思考，并建立解决问题的系统思维方式。

西城区教育研修学院的李燕玲院长动情地说："我参加这个活动可以说是震撼、感动，我今天一上午都在这里特别认真地听，特别受教育，到底什么是成绩，什么是学习？我觉得教育最终解决的问题就是激发兴趣，让他感受到整个学习当中的乐趣，从而为终身学习保持永远不竭的动力。"

北京教育学院季苹教授讲道："特别高兴来参加这个活动，今天的活动也让我有了很大收获。主题研究课在西方做得很多，我研究过西方教育史，在书本上接触的主题研究课特别多，在我国看实践场合的主题研究课，对我来说这是第一次。主题研究课从老师层面上的一些做法让我震撼，更让我震撼的是李烈校长培养学生多面向、多角度的思维，而且这种思维还会和幸福联系在一起。"

北京市教育委员会委员李奕说："今天上午的主题研究课汇报，气氛和形式让人耳目一新。今天主题研讨的源起和由来是需求驱动的，源于学生的需要和老师在教育教学中对问题感受的需求。主题研究课具有开放性，研究内容随着不同的年龄段、不同的时代而不断变化，这种变化也是一种生成性的主题研究。"

教育部基础教育司柳夕浪说："我们知道新课程改革有一个很大的挑战就是综合课程的学习，特别是综合实践活动如何开展。今天听了北京第二实验小学的主题研究课汇报，感觉很有特点，可以用三个'大'来概括，即大主题、大课堂、大视野。"

教育部基础教育司时任副司长申继亮说："今天上午学习收获很大，感触也很深。义务教育阶段课程改革的重心转向何处？我想最关键的两个字就是教学改革，如何把课程、教材的一些理念转化成我们的教学形态。北京第二实验小学的主题研究课对于我们下一步探索新的教学方式的改革做了一个很好的示范，做了很好的探索。我们的教育实际上是从综合到分科这样一个基本的趋势，这是一个规律。没有综合素质就没有创新，这个是从多少年来大家这个教育实践里边得出的。"

西城区时任副区长陈宁说："首先要表达一个感谢，感谢北京第二实验小学的老师们为我们呈现了一个非常精彩、非常有价值的课程展示。我首先感受到的是一种精神。这种精神首先是对学生负责任，从为了学生开始，之后去探究教育的真谛，然后带领着学生去实现我们的教育理想，所以我觉得这种精神是难能可贵的。"

学生家长感激地说："现在作为独生子女的孩子能够带着问题和周围的孩子们进行沟通，然后互相协助做一些事情，真是挺了不起，孩子的收获不是说我们现在就能看到的。可能是十年二十年之后，他具有了科学的思维方式就会懂得面对问题如何去思考、去解决，拥有幸福的人生呀！"

"作为学生家长，我特别赞同学校做这种教学研究。这种教学实践整个的课程很好地融合在一起，对孩子的思维是非常有帮助的……"这是一位父亲的感慨。

……

每一位发言人带给我们的分享，都会转化成我们继续探究的动力，每次交流都是一次全员学习、研讨、反思校本培训的过程。

回顾六年的实践探索，一至二年级的"主题板块学习"与三至六年级的主题研究课已成为"学校学森"课程建设的一道亮丽的风景，是展示师生智慧成长的大舞台。从商讨确定研究主题到制订研究计划、设计研究过程的任务单；从阐释主题由点到线，由面到体，构建出多学科视角的思维导图；从共同发现丰富的研究切入点到精心选择自己的研究内容；从个人研究到伙伴合作；从集体组织的实践体验到自主开展的研究行动；从班级交流到形成跨班级的研究新团队；从经历了诸多新问题的挑战到充满自信的展示……每个学期的实践之后，各个年级都会认真总结回顾，学校都会召开专题会交流、分享、反思，完成一个个鲜活的研究课例。

相信这些鲜活的案例也将成为小学各学科教师开展探究型综合学习活动的范例，为他们提供丰富的参照内容与方法，若能创造性地应用于学生学习发展需要，必将更好地促进师生的全人发展！

马丽英

2016 年 9 月

目 录
Contents

三年级主题研究课

一年级主题研究课

春　天

李玉新、范　薇

 研究时间

2015～2016 学年度第二学期

 **确定主题的缘由**

1）刚刚步入北京第二实验小学王府校区的一年级学生，第一次欣赏到王府校区独特的春天美景，这是难得的教育资源，可以引导学生在学习与观察的过程中更爱学校、更爱上学。

2）低年级学生识字量不是很大，根据他们喜欢画画、说唱、表演的特点，设计了一系列学科融合的内容。可以让学生在欣赏春天的过程中通过多种方式研究春天、展现春天。

3）语文学科教材中有 4 个单元的内容都是关于春天的，涉及 7 篇课文。以语文学科为主让学生在欣赏春天的过程中积累好词好句和关于春天的诗歌，同时借助数学知识写观察日记，传唱关于春天的歌曲，学会表现春天的舞蹈和动作。

4）结合学生自身感兴趣的内容进行深入研究，提高学生的研究能力。

 研究目标

1）通过多个学科融合感受春天的美丽，学会描绘春天的诗句和词语，掌握描述方向位置的方位词，能够从多角度进行观察，学会用英文诗歌、音乐、绘画表达对春天的喜爱和赞美。

2）提高学生在实践过程中的表达能力、观察能力，培养学生的想象力和创造力。

3）培养学生热爱大自然、热爱生活的情感，培养学生的综合素质。

 实施过程

一、依据兴趣，确定主题

北京第二实验小学一年级的老师，根据学生的特点及该学期语文教材中大量涉及春天的内容，整合教材，借助开学之初校园环境的变化开展有关春天的研究。学生将通过自我认知和教师引导，思考或探讨春天的认定方法。春天是节气的开始，是气温的变化，还是植物的萌芽？在此过程中融合该阶段的课程标准，进行相关知识的传授，让学生能够通过积极、主动地探索问题，习得相关知识，经历研究的过程。

二、教师分工，制订计划

我们按照课时进行了分工，其中有的内容需要全员参与，有的内容需要双学科成员参与，形式比较多样（表1）。对于学生的指导方式也有变化，根据学生不同的选修内容，我们以两个班为单位，配备4名老师进行指导，建立导师制，即每位老师负责指导同一个主题下的15个左右的学生。

表1　课程设置（12课时）

时间	学科/形式	内容	地点
第一周	年级大课	引出驱动问题 春天到底在哪里呢？引发学生的讨论，春天到底从何时开始	礼堂
	语文、数学	学习主题相关知识点 1）语文：赏析有关春天的美文，进行有关春天的词语累积，进行有关观察日记的指导。 2）数学：观察物体	各班教室
	专家（芦校长）	培训王府校区全体一年级教师，作为导师如何指导和追踪学生进行相关主题的研究	一年级1班教室
第二周	品德与生活	利用品德课分享上一周所学主题的相关研究内容。完成春天主题下具体研究方向的分组，如温度、雨、动物、植物、风……完成平行选修课的分组	各班教室
	部分老师及家长志愿者	完成平行选修课，积累和交流研究内容	各班教室
	品德	平行选修课内容汇报	各班教室
	美术、语文	描绘春天，完成诗配画	各班教室
	所有学科	形成导师制，5位老师负责2个班，每位老师大约负责15名学生，完成对学生研究方法的指导	王府校区

续表

时间	学科/形式	内容	地点
第三周	所有学科	导师追踪学生的研究过程	—
	体育	适合春季的体育项目	操场
	音乐	唱响春天的歌曲	音乐教室
第四周	语文	班级交流汇报	各班教室
	所有学科	年级多种形式汇报，专家点评	礼堂

三、启动研究，交流互动

（一）驱动问题

请学生看一组当天早上的照片，引出问题：现在已经是3月初，可是大家穿的衣服还是那么厚。春天何时向我们走来？是从立春开始？还是从不穿羽绒服开始？还是……

进入事件如下：

1）观看视频：二十四节气和关于春天的纪录片。

2）观看照片（图1）：从立春到目前，真实的景色和人物照片，如雪景、光秃的树枝、穿羽绒服的人……通过这些照片我们发现，虽然从节气上已经是立春了，但是从气温上大家感觉还是冷冷的。

图1　年级启动仪式上学生观看图片

3）提出问题（图2）：早就已经立春了，为什么天不暖？风不柔？雨不润？草不长？莺不飞？春天到底在哪里呢？引发学生讨论春天到底从何时开始。

4）梳理问题：我们可以从气候、气温、地球与太阳的运行、植物、动物等方面进行研究。

图2　春天主题板块启动仪式上学生提问题

（二）班内讨论分组

根据启动大会上学生讨论出来的角度，回到班里后学生根据自己感兴趣的点进行选择，可以从气候、气温、地球与太阳的运行、植物、动物的变化等角度申报。学生申报以后，教师也会从这些角度进行分工。然后根据两个班的分组，老师进行有针对性的指导，建立导师制。不仅需要教师带领学生设计研究计划，还要针对学生研究中出现的问题进行具体指导，并制订汇报方案。

（三）交流互动阶段

1. 学会收集

晨读时间，学生诵读着自己收集的关于春天的好词好句好文，春满大地、花红柳绿、万紫千红、春光明媚……一个个好词，一首首好诗，学生不仅仅感受着春天的美好，更将传统文化的精华留在血液之中。

语文课上，学生学习了一篇篇春天的美文——《春天的手》《插秧》《老树的故事》《一粒种子》《特别的作业》等。在学习《特别的作业》时，学生知道了小丽没有折一枝花，没有折一枝柳，而是把春天画了下来，带到了学校，她懂得欣赏春天的同时要保护好春天，让更多人来观赏春天的美景。学生不仅仅感受了春天的美好，更加懂得了怎样留住美好的春天。

学生将美好的春天做成了一份份小报，有的记录了自己观察某种植物的变化；有的画出生动的图画，配上精美的诗歌；有的还记录了春天天气、衣物、动物的变化。这一份份小报记录了学生研究的脚步，呈现了学生对春天的赞美，更表现出学生想要留住春天的美好愿望。图3就是学生的作品展示。

图 3　学生汇报展示

2. 学会研究

在此次春天主题板块的学习中，我们组织学生学习了春天的知识，记录了气温的变化，制作了统计图表，测量了影子长度。由于低年级没有科学课，数学课承载了理学知识的传授，因此对老师提出了更高的要求。3 班的小明是个特别爱探索的男孩子，王昊喆老师和他交流时发现他提出的问题非常有深度，看待事物的眼光也很独到，比如他提出的，为什么气温在变暖的过程中出现了几天的下降？这个问题就很好，因为我们从宏观角度都在说春天气温升高，而没有告诉学生还有"倒春寒"。过了几天他又去问老师，出去郊游的路上他看到了车子明明是向前走，可为什么轮胎好像向后转呢，真是个好问题！学会研究，就从学生提出问题开始。

在春天板块的研究中，我们发现学生缺乏研究的手段和工具、他们的求助对象单一、信息来源不可靠，这些导致最终数据的偏差。发现这个问题后我们赶紧召集小组成员，引导学生在查阅资料时进行筛选，观察记录哪些关键字和标题语，抽样调查时进行归纳分析，讨论最终的汇报形式。看到学生的调查步入正轨，我们由衷地为他们的成长感到欣慰。

3. 学会展示

有的学生通过学唱赞美春天的歌曲（《春晓》《春天在哪里》《嘀哩嘀哩》）或诗歌朗诵来表达对春天的热爱（图 4）；有的学生通过对春天色彩的观察、记忆，利用线条进行展现；有的学生观察校园或住宅附近一棵植物的局部或一棵小草逐渐发芽、长叶、开花的过程，用绘画或摄影的手法记录下不同阶段的过程；有的学生用涂色的方法与画面进行整体色彩搭配；有的学生与语文课结合为自己喜欢的、描写春天的诗配画（图 5）。

图 4　朗诵：赞美春天的诗

图 5　美术：我眼中的春天

以发展学生基础运动能力为底线，结合教学内容，体育学科编排以"春天"为主题的游戏（图6），开拓学生思维。进行阳光运动；在"技能-情境"教学中开展接力游戏；在家庭体育锻炼中教授学生亲子游戏，周末与家人踏春进行亲子活动。还有的是通过舞蹈的形式进行展现。不论哪一种形式都是学生在研究中学习、参与、体验的一种表达。

图 6　体育："春天"的游戏

四、汇报展示阶段

（一）汇报展示安排

一年级做了翔实的活动安排，活动前准备充分，活动中展示有序，活动后总结到位。

活动前各班需要完成的内容如下：

1）各班通过之前的班级展演，评选出代表各班水平的汇报节目。将相关学生留在各自班级教室内，准备进行驻演。

2）不用驻演的学生妥善分成小组，准备去其他各班观看节目。

3）黑板布置：适当装饰"春天嘉年华"。

4）各班节目单贴在各班门前。

（二）汇报展示过程

"春天嘉年华"春天主题板块年级汇报活动拉开帷幕。每个班级前都搭设了一个小舞台。在班级展示中，学生推选出来的优秀作品代表各自班级进行展示。学生还制作了关于展示内容的海报和宣传栏（图7）。

图7　学生丰富多彩的展示活动

王府校区小精灵们身着自己漂亮的服装，或是在舞台上卖力地演出，或是津津有味地观看节目，他们尽情享受着春天，享受着学习带给他们的欢乐。有的进行诗歌朗诵，有的进行春天歌曲的传唱，有的把自己了解的气候方面的知识编排成课本剧，有的把自己春天种下的植物与大家分享，还有的借助自己对"春饼"的研究开展竞猜活动，然后现场制作让大家品尝……

秉承着"活动育人"的大教育观，在此次活动中，学生不仅收获了丰富的学科知识，体验了多种思维方式，也从中培养了很多良好的行为习惯与意识。比如，在活动开始前，学生就自发讨论如何做一个文明观众：每个小组推选出小组长，组队到各班级前观看节目；如果位置比较靠后，不要往前拥挤，自觉维持秩序；操场上声音嘈杂，可能会听不清，此时不要大喊大叫，安静观看；表演结束，给小演员送去掌声。

班里的小演员准备的是歌舞表演，在40分钟的活动过程中，只要有观众，他们就随时开启卖力演出，很是辛苦。有细心的学生看到小演员头上冒出的汗珠，跑进教室为他们拿纸巾、水壶，把他们脱掉的衣服送回教室，温馨至极。

效果反馈

　　春天主题是我们以主题式教学开启的第二个篇章。在这个主题下，我们完成4个单元的精讲课、略讲课、写字指导、写话练习、拓展阅读，积累了描写春天的四字词语及古诗，引导学生理解背诵，培养学生对祖国汉字、古诗文化的喜爱。为了培养学生自主探究的精神，我们鼓励学生动手种植，写简单的观察日记，记录事物的变化。与美术学科的融合，为学生自己喜欢的、描写春天的诗配画。培养学生的多元思维，激发学生的想象力和创造潜能，将古诗形成图画，增强学生对古诗的理解，增加画面感、趣味性（例见图8）。我们不仅让学生感受王府校区的春天，还在王府校区的春天里从不同角度进行观察。从校内延伸至校外，在实践、体验中开展主题研究，激发学生对大自然的热爱。

图8　学生画春天的玉兰花

学生随笔

　　冬天正在悄悄离去，春天正悄悄向我们走来。为了迎接春天，花儿们含苞待放，草儿钻出地面，我想起朱熹写的一首诗："胜日寻芳泗水滨，无边光景一时新，等闲识得东风面，万紫千红总是春。"

　　我也准备迎接春天，我跑到院子里，天气暖和了，院里的小朋友多了，他们脱下了厚厚的棉衣，正在做游戏，就连老爷爷、老奶奶也出来走圈了。院内的迎春花开了，小树发芽了。春天的变化真大呀！

　　通过板块式教学，学生对学科之间有了一个全新的认识，提升了学生的思维品质，学生对事物的认识更加多元化。不仅如此，学生还进行了大量有关春天的阅读，充分展示语文学习的厚积薄发。在这一过程中，教师通过确定主题思路，反复研磨教材，对教材的内容梳理有了更深一步的理解与思考。各学科之间的融合，更加彰显了学科的魅力，促进学科教师之间的沟通和学习。

心得与反思

一、融合性

在主题的引领之下，我们打破课程之间、学科之间、教材之间的界限进行整合，但又不是几门学科、几节课的简单相加，而是在更大范围和更广阔背景下的有机融合。

（一）课程的融合

围绕着一个主题，我们把常态课、国学、主题研究课、平行选修课等课程进行了融合。

我们制定了4个主题，学生参与到各个主题的研究中，多学科的知识融合，让学生选择的范围更加广阔，研究的途径更加多样，汇报的形式也就更加丰富。

学科选修课不再围绕一个学科进行，而是多个学科进行融合后，学生可以结合自己在学科学习中的"弱项"自主选择，突出选择性。

（二）教材的融合

众所周知，教材是为学生服务、为教学服务的，同样也是为课程改革服务的。我们首要做的是围绕主题重组教材。

语文学科将教材内容设置了"精讲课""略讲课""拓展阅读课"等不同的课型，引导学生有重点地学习。数学学科改变教学进度，将与春天主题相关的内容前置，引导学生在生活中学习数学。这样的教材重组，既可以突出课堂教学的重点，又可以节省出更多的教学时间进行实践性和拓展性的活动，使教学更加高效，满足了学生的学习需求。

（三）学科的融合

《基础教育课程改革纲要（试行）》中提出，要"加强课程内容的综合性，淡化学科界限，加强课程内容与现实生活和学生经验的联系，增进各学科之间的知识和方法上的联系"。各学科相互渗透与融合才会使教育多元化，才能够培养学生的综合能力，让学生具备创新精神。

二、实践性

（一）突出体验

阶段性的活动，让学生在多维度的体验中有所收获。这其中有结合"春天"的朗诵和经典国学的诵读，有结合气候的研究，有展示春天的绘画和传唱，有绘本的编写与赏析，有体育的自主选项和班级竞赛……在各种活动的参与中，不仅丰富了学生的体验，而且提高了学生运用知识的综合能力。

（二）联系生活

结合低年级学生的年龄特点，将学习与他们的现实生活紧密联系起来。真正让学生体验到学习源于生活，而又服务于生活。比如，我们借助王府校区的环境让学生辨认方向，就是联系生活的典型实例。

（三）结合活动

活动是育人的载体。活动不仅可以加强学生的主体意识，促进个性发展，还有利于团队的形成与合作。把学校传统的教育活动融入每一个主题，让学生能够在描绘王府校区、畅想未来、吟诵古诗、展演壁画等活动中得到更全面的发展。同时，在活动开展的过程中，我们也打算进一步完善每一次活动的评价方案。落实活动任务单、重视活动过程中的调控并加强活动后的反思，为今后开展更有效的教育教学研究活动总结经验。

三、发展性

（一）发挥特长

学校提出教师发展的"一专、多能、零缺陷"，在王府校区的团队中，我们注重发挥教师的"一专"作用。例如，张未老师的朗诵教学，郭钊老师的识字教学。在游戏研究的基础上，数学团队分成了 4 个专题研究团队，每个团队都给年级所有班上课。4 位体育教师所学专项不同，为了使学生的体育知识和技能得到更宽、更广的提升，4 位老师各自承担一个专题；同时制定导师制，来发挥教师的特长。

保持长板、弥补短板，在团队的合作中努力达到"一专、多能、零缺陷"的目标。

（二）资源共享

很多活动通过亲子活动和家庭调查的方式让家长参与，他们为我们的课程改革贡献了更多的智慧。

另外，学生主动性的发挥会极大限度地促进学生之间的资源共享。例如，让学生画王府校区的春天，然后让学生进行画配诗或者诗配画。这样一系列活动有设计、绘画、描写还有赏析，将一个活动的资源用足。我们把学生完成的作品用来装饰校园环境，成为校园亮丽的风景。

四、基础性

我们讲融合，重实践，求发展，但我们深知同样不能失去基础，尤其是一年级正是打基础、养习惯的关键期，夯实基础、抓好基本功是始终不变的主旋律，所以在开展主题研究的过程中我们同样重视常规教学，重视知识与训练的落实。

例如，语文学科，我们进行集体备课、组本培训；坚持每天落实听说读写的练习；针对字词句段篇进行专项指导；定期进行看拼音写词语、单元综合内容的闯关活动；积极开展学科竞赛活动……数学学科针对计算部分继续开展"闯关"活动，口算和竖式计算除了有结合单元的比赛外，还有基本功综合闯关。

以上是我们的阶段性尝试，在后面的主题研究课中，我们还需要脚踏实地不断研究、完善，我们依然在路上……

冬　天

贺涛涛、石　枫

研究时间

2015～2016学年度第一学期

确定主题的缘由

　　时间是不断之流，春夏秋冬犹如在历史长道上奔驰的四个金色的轮子，各自闪耀着不同的魅力。学生在低年级的主题板块学习中要把四季"春夏秋冬"作为研究主题，一年级的语文教材中有一个单元就是在描写冬天，结合文本，我们把一年级第一学期关于季节的主题研究定为"冬天"。学生入学以来经历了秋天的灿烂与辉煌，伴随着早到的初雪，步入了王府校区的冬天。相对于其他三个季节，冬天的宁静、肃穆与含蓄之美再加上王府校区特有的厚重，有助于学生了解冬天、感受冬天、享受冬天、研究冬天。

研究目标

　　1）通过对"冬天"这一主题的研究，学生可以更多地了解冬天的特点、冬天的节日，学会适合冬天的活动及游戏。

　　2）在研究的过程中，培养学生善于观察，通过各类渠道获取资料并简单分析、整理资料的能力。

　　3）通过参与各类活动，增强学生的身体素质。

　　4）在研究的过程中，学生学会更加关注我们的生存环境，培养科学思考问题的习惯，从而以身作则地保护我们赖以生存的环境。

实施过程

一、语文学科"冬天"的学习与主题板块的有机结合

1）在"冬天"这个主题板块的学习中，老师将主题板块与语文教学紧密结合。比如，在学习《雪地里的小画家》这首小诗时，学生对"小画家们"那一幅幅神奇的画充满了好奇，通过自读自悟，明白了因为小动物们的脚印形状不同，所以画出来的"画"也不一样，教师趁机拓展："你还知道哪些小动物的脚印，它们像什么？它们会画什么？"学生打开《主题板块学习》这本书，找到了书中的一幅图——许多动物的脚印，旁边还有动物的英文名称。这幅图引起了学生极大的兴趣，他们认真仔细地查看着，热烈地和同桌交流着，然后运用"因为＿＿的脚印像＿＿，所以＿＿画＿＿"的句式积极地练习表达。有的说"小猪的脚印像剪刀，所以小猪画剪刀"；有的说"小牛的脚印像蚕豆，所以小牛画蚕豆"；还有的说"小狐狸的脚印像火把，所以小狐狸画火把"……这幅图极大地拓展了学生的想象空间，丰富了他们的体验，让学生乐在其中，学在其中。

2）这个冬天的雪很少，霾却很多。学生都期盼着能有一场大雪赶走雾霾！学习《冬天是个魔术师》一课时，当读到"冬天是个魔术师。他'呼'地一吹，满天飘起了雪花，一会儿大地就变白了"这一自然段时，一个学生说："为什么今年的冬天看不到雪花呢？真希望现在就下雪啊！"其他的学生也纷纷响应。于是老师让学生打开《主题板块学习》这本书，试着把自己观察到的雪花画下来："虽然今年冬天的雪花姗姗来迟，就先让我们把自己心中最美的雪花画下来吧！"老师问学生："为什么你们选择铅笔，而不用彩笔画雪花呢？"学生的回答很质朴，却很让人感动："因为雪花就是很简单的，用那么多颜色就不是雪花了。"学生的心灵永远都像雪花一样纯净！结合冬天的主题，以及版块学习中的推荐绘本书目，老师还引领学生进行课外绘本阅读。通过阅读绘本、听绘本音频及推荐观看有关影片的方式，进一步引领学生感受冬天的魅力。下面是学生自己创编的小诗。

冬　天

冬天里雪花飘飘洒洒，
给大地披上了白纱。

冬天里雪松变成了宝塔，

原本欢唱的小河结冰了，

小动物们回家睡觉了。

3）严重的雾霾也阻挡不了学生学习的热情和脚步（图1和图2），停课不停学的日子里，老师推荐学生阅读关于冬天的绘本，有《极地特快》《圣诞颂歌》《雪孩子》《雪人》《田鼠阿佛》《雪地里的脚印》《温情的狮子》等；同时，推荐学生观看关于冬天的电影，有《极地特快》《圣诞颂歌》等；推荐学生收听绘本音频。老师会将音频发布在班级微信沟通群中，作为睡前故事来让学生收听，很多学生都非常喜欢。在雾霾天中学生在老师跨越空间的陪伴下，在一系列有趣的故事中体会着冬天的美好。

图1　雾霾也挡不住学生学习的脚步　　　　图2　雾霾天里学生画下自己心中的星空

4）而2016年冬天的第一场雪，着实让学生兴奋了一把。老师组织学生在王府校区赏雪、玩雪、赞美雪，学生站在廊子下，睁大眼睛观察小雪花，到雪地里用小手接雪花，观察雪花的形状，与小雪花亲密接触（图3）。回到教室，学生再次打开《主题板块学习》，一起美美地读《如果我是一片雪花》《问雪》《初雪》《雪后》《下雪的声音》这些描写雪的小诗。学生讨论自己眼中雪花的样子，他们各抒己见，描绘出自己的所见，然后在老师的指导下写出对雪花的感受。

5）结合冬天的主题学习，在晨检的卫生小常识的介绍中，班主任带着学生介绍关于冬天的卫生知识。学生回家查阅资料，介绍冬天预防感冒的小知识，关于开窗通风的小常识，关于雾霾天的应对措施，关于冬天睡懒觉的弊端，关于冬天饮食上的搭配、饮水，等等。通过关于冬天卫生小常识的介绍，学生对冬天疾病的预防，如开窗通风、多饮水、合理膳食等方面有了进一步的认识。

图 3　廊下戏雪

二、数学学科开展知识拓展课

在学生实际感受中去体会数学知识的重要性，以及在实际生活当中的应用。此拓展课的重点不在于知识的传授和掌握，更多的是一种"丰富"和"兴趣"。

以最后一个单元"时间的认识"为依托，在此基础之上鼓励学生发散思考，收集有关时间、节气、农历、节日等资料，学生在课堂上相互介绍、相互学习，教师再从数学的角度给予学生相关知识。例如，为什么有的年 365 天，有的年 366 天？为什么有的月份 31 天，有的月份 30 天，甚至还有的月份只有 28 天？节气的由来是什么？冬至是怎么回事？等等。在这些学生感兴趣的话题中，向学生渗透 24 时计时法、大月小月、平年闰年等知识。

在下雪的天气，利用王府校区特有的便利条件，让学生感受"体"和"面"的关系。从立体到平面的抽象过程，对低年级学生来说是不容易突破的教学难点。把教学中讲到的各种"体"带到操场上，带到雪地里，每个"体"会在雪地里留下什么样的"脚印"呢？即使是同一个"体"留下的"脚印"一定相同吗？这些"脚印"和"体"是什么关系呢？有过这样的亲身体验后，不急于在课堂上总结什么、概括什么，学生自身的感受和认知对他们的后续学习和抽象逻辑思维能力必将产生正向作用。

三、其他学科与冬爷爷的"约会"

随着天气的变冷，学生的课间活动也开始有了冬天的味道：滚铁环、呼啦圈、踢毽子……课间操也变为跑步，在体育老师精心挑选的动感与节奏感兼具的音乐中，各班整齐有序地进行体育锻炼，每班自行设计的口号响亮又具个性，老师和学生共同运动。空气质量良好的每个日子里，王府校区都有几十分钟的欢腾。进入冬天，地面变硬了，学生衣服穿厚了，什么样的游戏能在冬天给学生带来趣味的同时又安全健康呢？针对这个问题学生在一起畅所欲言：最先谈到的自然是体育活动的相关内容——跳绳和跑步。于是，老师亲自示范，表演单人跳、双人跳、双摇、蹬三轮的花样式跳法，引起不小轰动，老师更是借此机会鼓励学生练好课内要求的单人跳，尝试跳花样甚至创编跳法，让冷清的冬日充满快乐！体育老师更是教给学生很多室内游戏，如小鸡快长大、凑钱、延长线等，以应对多变的天气。

英语课上，关于冬天的儿歌韵句让学生体会到了西方的文化和韵味；音乐课上的滑雪歌更将学生带到皑皑的冰雪世界；美术课上，学生用眼睛做镜头，用画笔做记录，晶莹的雪花跃然纸上。

四、平行选修课

期末时分，各个学科针对冬天这一主题开设平行选修课，在充分尊重学生经验、发展学生个性的基础上，让学生根据自己的兴趣爱好自主选择，开设的课程如表1所示。

表1 平行选修课课程内容

序号	学科	课程名称	授课人
1	语文	"冬之韵" 绘本阅读	赵敏 王京花
2	语文	"冬之舞" 课本剧演出	潘玉娇 徐俊俊
3	数学	"冬天雾霾统计"	冷冰冰
4	数学	"地球与冬天"	王昊喆
5	英语	"冬之趣"	魏元、杜乐
6	体育	"冬之趣"	吴建军、王浩 张婧、朱璇
7	美术	"剪窗花"	石枫、李安
8	音乐	"过新年"	王润翘

1）语文学科用有趣的活动引领学生阅读、感受绘本《田鼠阿佛》。教师带着学生了解绘本的特点、类型等知识，学习怎样阅读绘本，师生共同阅读关于冬天的绘本《田鼠阿佛》，感受阅读绘本的乐趣，从而培养阅读绘本的兴趣。课本剧《小母鸡种稻子》让学生明白了什么是课本剧，初步体验表演，让学生通过肢体表演、语言台词等将课本台词生动、有感情地表达出来，从而有利于学生喜爱课本剧，有表演兴趣，放下拘束，释放天性。

2）数学学科借助地球在绕太阳公转的过程中为学生做冬天由来的讲解。地球的地轴始终与轨道面倾斜成66°34′的夹角。由于地轴的倾斜，当地球处在轨道上不同位置时，地球表面不同地点的太阳高度是不同的。太阳高度大时，太阳直射，热量集中，就好像正对着火炉一样；而且太阳在空中经过的路径长，日照时间长，昼长夜短，必然气温高，这就是夏季。反之，太阳高度小时，阳光斜射地面，热量分散，相当于斜对着火炉；而且太阳在空中所经路径短，日照时间短，昼短夜长，气温则低；由冬季到夏季，太阳高度由低变高。同样的道理，太阳高度的变化影响着昼夜的长短和温度的高低，分别形成了秋季和春季。由于地球永不停歇地侧着身子，围绕太阳这个大火炉运转，这种冷暖便不停地交替着，从而形成了寒来暑往的四季。

3）结合冬天主题，英语老师为学生设计了冬之趣（have fun in winter）的平行选修课。希望学生能在自主探究的驱动下，用英语来了解冬天的方方面面，激发学生热爱冬天、热爱运动的情感。该节课由一首有关冬天的歌曲导入，大家进行头脑风暴（brainstorm），从而引出冬天的各个话题，如冬天里的故事、冬天里的节日等。教师还带领学生学习了关于圣诞节的来历、习俗等相关知识，让学生更多地了解西方的文化和节日。最后，学生通过冬天贺卡的制作，表达自己对美好冬天的热爱之情，以卡片为载体，架起了学生与身边亲人、朋友、老师、同学的友谊之桥，表达了感恩之心。此外，学唱与冬天相关的歌曲，激发了学生对英语学习的浓厚兴趣。

4）平行选修课上，美术老师不仅教学生做窗花（图4），还带着学生一起了解窗花的起源、欣赏民间剪纸艺术及不同地域的窗花、剪纸的差别，把民间文化融入这枚小小的窗花中，红红的窗花在学生指尖绽放。元旦联欢会前，学生用彩纸做成圆环拉花来装饰教室，别小瞧这外形简单的拉花，它们可是由全班同学亲手制作的一个个小圆环连接在一起形成的，"团结就是力量"在这串拉花中被6岁的学生理解着。

图4　剪窗花

5）选修音乐课的学生在老师的指导下学生用欢快、热烈的情绪演唱歌曲《过新年》，并结合律动表现喜气洋洋过新年的欢乐情景，同时还认识中国民族打击乐器锣、鼓、镲，在节奏声势律动中感受多声音响的谐和、丰富之美，从而培养了学生的合唱素质和音乐鉴赏能力。

6）体育组结合主题版块内容编排年级平行选修课，在此次选修课中安排了单人到多人的适合学生冬天锻炼的运动项目。老师设计的游戏项目有齐心协力、软式棒球游戏、滚铁环、海绵包投准、软排球游戏"大象球"等。体育组的老师做好安全预案，合理安排场地，提出游戏要求，带着学生在冬天里坚持锻炼，并且为即将到来的寒假生活提供了好玩、有趣又有效的安全游戏。

❀ 效果反馈

2016年的冬天有点特别，有雪有霾有欢笑，更因为有了各个学科老师的智慧、团结、协作，学生在"雪精灵甚少光顾、雾霾成为头条"的这样一个特别的冬天收获着比平时还多的知识、经验、技能与欢乐。老师因势利导，学科互通与融合，不断激发学生在学习过程中浓厚的学习兴趣，调动学生学习的积极性，引导并激励着学生的求知欲望，学生主动地参与学习，探究活动。从各个学科、不同角度、多样视角对冬天进行更全面的体会、更深刻的理解和更加多维度的体验。学生的收获更丰厚，各学科老师的合作更无痕、默契，家长对学校的教育教学更多了一份认可和称赞。

🍃 心得与反思

学生经历了入学以来第一个冬天，在主题学习下，各学科老师打破学科界限，学科间相互渗透、相互交叉。例如，美术课上学生用画笔描绘冬天，所绘图画在语文课上和英语课上成为同伴分享"我眼中的冬天"的依据，学生介绍起来绘声绘色；体育老师和班主任共同打造安全又欢乐的冬日体育锻炼时间；初雪时各科老师释放学生的天性，让学生和飘洒的雪花亲密接触。

雾霾严重时，语文、数学、英语学科充分利用校园网络、微信等平台尝试全新的教学模式，如翻转课堂、微课等，利用短小精悍的视频改变学习方式让雾霾严重时在家的学生有方向可寻、有抓手可依靠，家长有依据可参考。同时，教学方式的创新也引发教师对日常教学新的技术和形式的进一步思考。

同时，在主题学习的反思阶段，我们认为学生思维维度可以更广，研究范围可以更宽，如冬天的动植物、冬天的饮食、雾霾天的自我防护等，都可以与老师、同伴、家人进行探讨和研究。

拥有教育情怀的教师才能拥有大教育观，因此应进一步提升教师的教育教学理念及课程实施能力，完善正确的教育目标。这样，学生才能获得最大收益，我们才能培养出"大气、博爱、智慧、致行"，能提问、会思考、有观点、具创新的学生。

关注第一次，做好每一次

刘 黛、张 丽

 研究时间

2012～2013 学年度第一学期

 **确定主题的缘由**

小学一年级第一学期是学生社会化开始的阶段，能否更快、更好地适应集体生活，顺利地转化角色意识，是他们漫漫人生跑道上的第一步。"良好的开端是成功的一半"，正如心理学中提出首因效应一样。第一体验如果是规范有序的，学生就会懂得让自己的生活有规则、有顺序。确切地说，第一次是学生掌握是非的初始阶段，如果最初学生知道、看到的是正确的，那么，对于他们日后的学习和生活都是正面的教育，他们就很少走弯路，正所谓"先入为主"。

因此，北京第二实验小学一年级将该学期的主题研究活动制定为"第一次"。

 研究目标

1）有效指导学生行为规范，强化"第一次"的重要性。
2）学生能有规则、有序地完成好他们经历的每一个"第一次"。

实施过程

为了将"第一次"的体验在学生心中不断扩大，发挥"第一次"正能量的作用，我们采用了"讨论""示范""视频演示""亲身体验"等方式，让学生在多感官、多角度的参与中，理解"第一次"的重要，落实"第一次"的实效，为后来"第 n 次"的持续发展打下基础。每一个"第一次"活动的研究流程为：集体备课以统一"第一次"的内容和要求——和学生探讨"第一次"的重要——各个学科落实"第一次"——表彰"第一次"行为好的学生——学生以各种形式分享"第一次"——学生完成"第 n 次"的承诺书。

一、问题驱动，全员参与，落实学校生活"第一次"

10月份全天课，学生将迎来在学校"第一次"吃饭，没有了家人的细心呵护和不厌其烦的督促，在有限的时间内，学生不仅要吃好吃饱，还要自己负责所有的整理工作，这个看似简单的第一次，却包含了太多太多的问题。为了打好这第一仗，我们事先请学生带着"中午吃饭，我要如何做，才能成为'健康'的小学生？"这一问题去搜集材料，学生可以通过照一照、画一画、摄一摄、写一写的形式进行汇报。利用班会时间，我们进行了全班展示交流，学生图文并茂地向我们呈现他们、爸爸、妈妈、朋友们吃饭时的情景，大家畅所欲言，最终总结出健康的学生吃饭前、中、后分别要做到的内容。老师还根据学生总结的要求，编写了朗朗上口的儿歌。例如，清桌面，摆用具，先洗手，再端饭，拿饭时，有秩序，用双手，走平稳，摆整齐，再开口，一菜一饭搭配吃，细嚼慢咽最重要。在参与中的体验最深刻，看看学生第一次在学校吃饭的情景吧（图1）。

图 1　学生第一次在学校吃饭

在进行认真的调查、集体的商讨和视频学习后，学生第一次的午餐在井然有序中度过，他们不仅桌布铺得好，饭也吃得更香。

《弟子规》中说，"食不言，寝不语"；《锄禾》中说，"锄禾日当午，汗滴禾下土。谁知盘中餐，粒粒皆辛苦"。学生的第一次午餐绝不能浪费一粒粮食。学生在校生活的点点滴滴，我们都抓好每一个第一次的训练，如第一次喝水，第一次上下楼，第一次上卫生间，第一次摆放用具等。

二、循循善诱，创设情境，有效指导学校交往"第一次"

学生走入群体中，离不开与他人的交往，特别是他们在游戏（图 2）、活动中，经常会出现因为想与同伴玩耍却又不知如何表达，便采用身体碰撞的方式以引起同伴的注意，同学间的小摩擦就在这样不经意间产生了，而且屡屡发生。其实这样的问题，学生在幼儿园时也会出现，但那时更多的是由老师帮助他们解决问题。升入小学后，他们的角色已经转变，作为一名小学生，我们更多的是要让学生学会自己处理这样的小摩擦。

图 2　第一次课间游戏

我们利用德育 10 分钟的时间，开设了"解决小苦恼"的活动，请学生讲一讲其在与人交往时的小困惑，大家一起出谋划策，学生在自主讨论中，认识到要想和小伙伴更好交往，学会主动沟通是前提，只有友善地表达了自己的交友愿望，才能让别人接纳你。

三、学科共识，学习乐无边，打好学校学习"第一仗"

我们的课堂虽然是不同的课堂，却呈现了相同的场景，这是我们在训练学生用无声的肢体语言进行有序的交流。看看我们各科课堂上统一的小手势（图 3）吧！"小拳头"是补充，"小钩子"是提问，两手食指一交叉就是错误，小手一张一合就像星星在闪烁，那是告诉老师"我还没发过言，请叫我吧"。无声的手语却传递着大量的信息，也创设了安静的学习环境。我们各学科对课堂要求的统一，减少了学生对规则认识的混乱，这关键的第一次为后面良好课堂、良好学习习惯的形成奠定了基础。

图3　第一次使用课堂小手势

玩是孩子的天性，如何让学生玩得有质量、有情趣，是老师思考的重点。数学老师很好地利用"小叮当"电视台，固定每周三中午的广播时间为快乐"玩吧"。由老师带领学生在"玩"中学数学。内容即来自学生喜闻乐见的数学用具又结合教学内容，从认识不同形状到用"七巧板"拼出图形，再到巧手做"小风车"，了解"七巧板"的来历，体会图形在生活中的运用。第一次"玩吧"课（图4）激发了学生的兴趣，学生从此爱上了"玩吧"课。"玩吧"课的活动也不断层层深入，从认知到实践，学生甚至将数学"玩吧"中学到的拼图数字，延伸创新，又拼出文字。真正将知识迁移运用，乐此不疲。

图4　第一次上"玩吧"课

学生所经历的"第一次"不仅仅局限于校内，也不仅仅局限于入学后。我们第一次的综合学习，又勾起了学生对以往自己经历过的第一次的回忆。利用精彩两分钟的展示这个很好的平台，我们开展了"我的第一次故事"活动：第一次过生日，第一次自己叠被子，第一次学拿笔等。学生或向父母询问，或看录像、照片搜寻着自己经历的众多的第一次，通过讲故事的形式向我们呈现了令人难忘而有意义的第一次。

 **效果反馈**

通过这学期的主题学习和研究，很多学生顺利度过幼儿园、小学衔接关键期，更快、更平稳地适应了小学生活，以及自己的第一个社会角色。早晨迈入学校的大门，他们会主动地鞠躬问好，文明礼貌的种子扎根在他们幼小的心田；接水盛饭，上下楼层，户外游戏，他们都会有序排队，右行礼让，规则意识不断增强；在同伴的交往中，学生间小小的摩擦越来越少，即使出现，也有了解决问题的意识，他们能更为虚心地听取别人的建议，主动进行自我调整，学生的幸福感多了。学生通过"第一次"的学习渐渐成长了起来，很多学生还能在老师和家长的鼓励、赞许中延续正确的第一次。个别做不到的学生也能被绝大多数同学的正能量所影响，正人正己，不断进步。

 **心得与反思**

尽管学生有了许多变化，但是通过不断总结和学习，依然有很多需要改进之处。

细致：对于刚刚入学的学生而言，其实在教育中怎样细致都不为过，如果再细致些，交流、分析和预设可能就会对学生的整体发展更有益处，也能更好地避免出现"分化"的情况。

敏感：或者更应该称为敏锐，观察到、了解到学生在"第一次"中的细微不同之处，并及时做出反应，面对第一次存在差异的学生及时给予具体的指导，并持续关注该学生后面是否真的懂了、会了。为了避免学生的"第一次"夹生，我们更加需要将可能的不利因素"扼杀"在萌芽状态。

如何发挥"家庭教育"在学生第一次中的作用，家庭、学校协同合作才能在学生身上有效落实。例如，结合一年级学生特点，我们在学校教学生把文具分类装进文具袋后，再装进书包，这一行为的指导在家庭教育中同等重要。家长的包办会严重地影响学生在校的表现，因此，我们会在相关的要求上与家长达成共识。又如，我们在学校第一次用餐中培养学生"食不言，寝不语""不挑食，不厌食"的习惯。学生在学校的饮食要求同样需要与家庭中一致。

为此，我们需要让家长知道我们都有哪些第一次，学生在家里该练习些什么。例如，整理物品；学会排队；学会等待；做作业专时专用；注意倾听，当别人说话说得不全、不对时，不立即打断别人；说话言简意赅，想好再说……以上种种，家长都可以在家里指导学生来做，家庭成员间也该注意这些，家长可以在家里示范给学生，毕竟这种机会俯拾即是。对于外包型家庭，我们需要引导家长重视与孩子的沟通，促进情感交流，关注学生的第一次在家庭中的延续，切实做到家校共育。

"第一次"为主题的研究活动暂告段落，但我们追求的是放大"第一次"后"第 n 次"的持续发展。

家

范 薇、赵 敏

研究时间

2015～2016学年第一学期

确定研究的缘由

对于学生来讲，"家"是最熟悉、最亲切的地方，父母及家人是最亲密的人，也是给学生体验最多的人。学生在家里享受着父母的爱，是全家关注的焦点，他们在各方面得到无微不至的关怀，但同时导致学生在有些行为或者感情上，往往忽略了身边人对他们的关爱，习惯了得到而忘记了付出。

因此，我们从学生身边开始，从最表象、最直观的事物开始，兴趣为先。

研究目标

1）融合多学科、多角度，多元认识、理解家的含义，让学生从爱自己的小家延伸至爱班集体、爱学校，最后到爱祖国这个大家。

2）通过多种体验式活动，感受在"校园"生活的丰富多彩，顺利完成从"小朋友"到"小学生"角色的转变，初步步入社会，体会作为小学生的快乐，让学生喜爱上学，喜欢学习。

3）在实践与体验中，充分感受爱，理解爱，逐渐学会付出，懂得心中有他人，对己负责。

🌿 实施过程

一、第一单元：我的家——自己的小家

一年级语文教科书第四单元的主题就是家，所选的两篇诗歌分别是《我的家》和《家》。《我的家》旨在引领学生体会自己小家庭的温暖。

语文老师在带领学生学习诗歌之前，先引领学生观察甲骨文的"家"字，了解会意字"家"的本义：屋子里有一头小猪，意味着这家人生活稳定富足，体会家最基本的内涵就是一家人住在一起，快乐幸福的生活。

在学习这篇小诗时，侧重让学生多朗读，在熟悉内容的基础上，提出小问号，这是一个怎样的家？引导学生从韵文中找到关键的词语，如幸福、爱、温暖、快乐等词语，感受到这是一个充满爱的家庭。

在理解课文内容和情感的基础上，启发学生说说自己的家，说说爸爸、妈妈、爷爷、奶奶是怎么爱自己的。学生畅所欲言，说了很多家人爱自己的事情，从而感受到自己有一个幸福的家。

通过照样子说一说的练习，进一步理解家的内涵。"爸爸爱我，妈妈爱我，我也爱爸爸、妈妈"；"老师爱我，同学爱我，我也爱＿＿＿"；"＿＿＿爱我，＿＿＿爱我，我也爱＿＿＿"。在练习中，学生又把自己的小家延伸到学校和班级，感受到集体是一个温暖的家、一个更大的家。

美术课上用绘画的形式画我的家和家庭成员。把天天见到、最熟悉不过的家作为创作内容，目的就是引起学生对家的重新审视，发现家的可爱与亲切。通过表现与家庭成员在家中发生的有趣事件加深对家人的情感，增加对"爱"的理解。然后再由语文老师引导学生用简短的语言表达"爱"或者描述画面的内容。最终把全班同学的作品集结成册，形成"绘本"，由学生传看，了解不同家庭的故事，丰富学生对家的理解，激发更多"爱"的情怀。在具体操作的过程中，由班主任协助美术老师完成绘本的第一页内容的创作。第一页学生画了自己的小家，有画面、有文字，可以说学生画出并写出了自己最真实、最自然的感受。学生写道："我有一个幸福的家；我有一个快乐的家；家里好温暖啊；早上起来，看到爸爸受伤了，我好担心；爸爸、妈妈辛苦了；我爱爸爸、妈妈……"

后期还会引领学生继续完成绘本家的创作。比如，画出来到王府校区、来到班级这个大家庭的感受；祖国、大自然更是我们辽阔的家，画出你眼中富强的祖国和美丽的大自然。

另外，雾霾的突然来袭令学生改变了学习方式，学生可根据自身情况选择在家中自学或到学校自主学习，这也正好为进一步让学生感受家的温暖，懂得去关爱家人提供了契机。

有的班级利用微信群，早、中、晚播放有声绘本故事，故事的内容围绕家的主题，如《爱心树》《猜猜我有多爱你》《乌鸦面包店》《妈妈的红沙发》《我永远爱你》《长大做个好爷爷》《我的爸爸叫焦尼》……在听了绘本《爱心树》后，有家长这样在微信中写道："孩子躺在床上静静地听着，病痛带来的烦躁没有了……孩子听完后说，想哭，心里感觉到酸酸的……孩子听完后，说她觉得树像爸爸、妈妈一样……"虽然是家长在微信群中的只言半语，但是足可以看出以"家"为主题的绘本阅读已经如一丝丝暖流注进学生的心田。回到学校，老师和学生还会进一步交流，一同感受家的温暖。

数学老师还智慧地布置了有关分类的自主学习内容，请学生利用分类的知识整理自己的房间或家中的某一个区域。这样的任务有助于学生将分类的知识应用到实际生活中，但需要在家花费大量的时间来完成，雾霾的来临正好为这一任务提供了充分的时间。当学生通过自己的双手将自己的书柜、衣柜、家里的厨房等区域整理得井井有条（图 1）后，家长在微信群里秀出孩子的劳动成果，并纷纷表示，这样的作业真希望多留。学生在付出劳动的同时也收获着家人的认可和鼓励，体会着付出之后的喜悦。

图 1　学生利用分类知识整理的衣柜和书柜

改变学习方式这一举措深得家长和学生的支持，但同时也是对一年级老师、学生及家长的考验，大部分学生父母并不休假，陪伴学生的多是老人，管理学生未免力不从心，老师智慧地想出在班级中开展了"自主小当家"的评选活动，在微信群中发起倡议："家里的大人也很辛苦，希望学生在家自主学习的同时，能够帮助家人做一些力所能及的家务。也倡议家人鼓励学生，学生表现好就可以写表扬信，带到学校在班级分享交流。"评选"自主小当家",鼓励每个学生都能在这个特殊时期感受到在家中学习的快乐,为自己的小家尽到一份责任,做到对己负责!

二、第二单元:我们的家——学校

语文的另一篇诗歌《家》,旨在引领学生感受到不仅人类有家,大自然中的万事万物都有家;比我们的小家更广阔的是祖国、大自然、地球……它们是我们更为辽阔的家。

诗歌中写到,蓝天是白云的家,树林是鸟儿的家,小河是鱼儿的家……学生在朗诵中感受诗意。学生也提出了一个个小问号,其中有一个小问号特别有价值:为什么____是____的家?学生说,白云在蓝天上飘来飘去,多自在啊,所以蓝天是白云的家;鸟儿可以在树梢上停留玩耍,夜晚回到巢中休息,所以树林是小鸟的家;我们幸福地生活在祖国的怀抱里,祖国就是我们的家……

续写练习:____还是____的家。鼓励学生想象和表达。学生说,天空是星星的家,大海是鱼儿的家,铅笔盒是笔的家,学具袋是书本的家,五班是我们的家……

最后,启发学生思考:大海、白云、天空、森林是多么美丽,大自然就是我们辽阔的家,如果自然被破坏了,会怎么样?培养学生以自然为家、爱护自然的情感,树立环保意识。

2015年12月19日至22日,北京发布雾霾红色预警,这次雾霾的来临,让学生有了4天在家学习的时间,数学老师请学生了解什么是雾霾,雾霾对人们会造成哪些伤害,如何最大限度地减少这种伤害。结合立体图形的学习,请学生尝试设计一个可以防雾霾的房子(图2),回学校后交流。这已经不仅仅是为了达到教学目标而布置的任务,而是需要学生综合解决的问题。

图2　学生在家自制防雾霾的房子

通过班级管理渗透家的概念。学生刚刚开始一年级的学习生活，在集体生活中，难免会有一些小摩擦，互不相让，发生口角。所以，在班级管理中，要让学生渐渐体会到家的感觉，学会互相谦让。比如，让学生体会家人需要帮助时，我们该怎么办？家人如果有小矛盾时，我们要如何解决？家里的事情谁来做？引领学生体会到，我们生活的集体就是一个家，在家里我们要互相关爱，互相礼让，多为家做一些力所能及的事情。

王府校区美术课从建筑上的彩绘入手，了解王府校区的历史、彩绘的历史及艺术特点，用王府校区的校舍作为"立体的书"了解更多元的知识。再由学生把彩绘画到环保袋、围巾、手绢上，作为礼物送给他人，在深入了解王府校区"我们的家"之后更加热爱我们的学校！老师还会引领学生继续完成绘本的创作。

有的老师还举办以"家"为主题的亲子活动。活动一：我是王府校区小主人，学生以小主人的姿态带领爸爸、妈妈参观王府校区。活动二：介绍我的家，每一个家庭上台自我介绍，这是一年级5班大家庭相互融合的破冰活动，其间还有学生的才艺表演。在参观活动中，学生认真、自豪地介绍着王府校区的景观，俨然就是一个个小主人。在教室里的家庭介绍环节，大家济济一堂，每一个小家庭浓浓的亲情，汇聚在一起，就是一年级5班这个温暖的大家庭。最后，学生送给家长作为小秘密的、事先画好的亲情卡片，传递着浓浓的爱和温暖。老师写给每一个学生的信，作为礼物送给每一个学生，也融入了浓浓的亲情。可以说，整个活动就是一次大家庭相聚的盛宴，在活动中，家长的参与和付出，也是家校之间温暖的融合。

一年级运动会结合年级板块"家"的主题教学，围绕"我们的家"——我的同学、我的同伴、我的班级开展此次运动会。我们改变了以往的老观念，利用班级间的趣味运动游戏（图3）来代替以往的竞技性少数人参与、多数人观看的运动会，使学生更好地创建班级，培养学生热爱班级体的意识、增强学生集体主义观念，培养学生团结协作意识。从而使学生体会到这个班集体就是我们的家。

为更好地丰富主题模块"家"的学习，英语组给学生补充了小故事——"the school"（学校）、"the forest"（森林）、"my family"（家）。老师分别从学校这个大家庭、自然界这个大家庭及自己的小家庭等方面进行引导，让学生充分体会到集体温暖及家的重要性。

图 3 学生在做趣味游戏

三、第三单元：我了解的家

家可以有更多的含义，我们希望学生可以通过更多联想来丰富家的含义。因此，诗歌续编是开拓学生思路、引发学生更多思考的优质载体。一年级 12 班的一名学生在学习了《家》这篇诗歌后，将这首诗进行了如下续编。

家

地球是人们的家。

大自然是人类的家。

蓝蓝的天空是白云的家。

夜空是星星的家。

大海是蓝鲸（鱼儿）的家。

清澈的湖水是小鱼的家。

泥土是花朵（小苗）的家。

草原是羊群（牛儿）的家。

沙漠是骆驼的家。

雪山是白雪的家。

森林是动物的家。

十字路口是红绿灯的家。

火车站是火车的家。

飞机场是飞机的家。

楼房是人们的家。

鸟巢是小鸟的家。

蜂巢是蜜蜂的家。

树洞是熊的家。

竹林是熊猫的家。

红红的花朵是小蜜蜂的家。

学校是小学生的家。

二小是梦想的家。

快乐的十二班是我的家。

美丽的王府是我们的家。

我们都爱我们的家。

雾霾天气让老师和学生有了更多的思考：如何让我们的家更美？应该怎样爱我们的家呢？

❁ 效果反馈

陶行知先生说，生活即教育。在生活中挖掘教育的资源，把学生放到生活中，让学生通过实践来感受。相信，能够感受家的温暖，能够感受爱并懂得付出爱的学生，一定会把爱带到更广阔的天地中。学生最终会感悟到，有家的地方就会有爱，有爱的地方就是温暖的家。

这个主题的教育是长远的，相信，随着这个主题教育的不断深入，学生对"家"这个字会理解得更加深入。

活动后，有家长写下这样的感受："今天，××得到了一次充分的自主锻炼，在家里有序地完成了各项任务，在'家'这个主题学习中，调动了她主动学习的愿望，调动了她的主观能动性，同时调动了她观察生活的兴趣。在家里帮助收拾自己的房间，还做了一份有画有字的小报呢！我觉得她长大了，懂得爱家人，并懂得帮助家人做事了。"

心得与反思

　　整个"家"的主题板块实施下来，学生的收获颇丰，将原本零散的知识集中到一个大的主题下进行学习，学生的兴趣很浓。这个主题的设定层次清晰、内容丰富、翔实、活动多多，学生在学习的过程中充满乐趣。主题学习还和老师的日常教育、教学紧密结合，做到了保质高效。

　　留给我们的思考是：如何充分地调动所有学科老师的力量，体现综合性？如何更加个性化地针对每个不同的个体，给出更有效的指导意见？

礼润童心，共同前行

明晓洁、于 静

研究时间

2013～2014 学年度第一学期

确定主题的缘由

中国是一个礼仪之邦，"礼"是中国传统文化中的精髓，礼行天下，在中国古代，"礼"是一个人为人处世的根本，也是人之所以为人的一个标准。《论语》曰："不学礼，无以立。"一年级新生刚刚走进校园的大门，就要把"礼"牢牢地扎根于他们幼小的心田，让他们从小以"礼"伴行，让中国的传统文化能够代代传承下去。本着这个教育"礼"念，一年级所有的教育、教学活动都在"礼润童心，共同前行"的导航下进行着。

研究目标

1）通过主题研究课的学习，学生初步感受祖国传统文化的魅力，学习基本的礼仪常识，提高个人修养。

2）明确同一研究主题可以从不同角度进行研究，培养良好的思维方式。

3）学生通过对社会生活、校园生活的认识，感受传统文化的魅力，发扬并继承传统美德，不断完善自我良好品质。

实施过程

一、以礼润心——学中有"礼"

（一）开笔礼开启"礼"的第一课

开学之初，北京第二实验小学就组织了隆重的"开笔礼"。开笔礼是中国传统中对少儿开始识字习礼的一种启蒙教育形式。主要的仪式有朱砂开智、启蒙描红、封存心愿、击鼓明智。这些仪式对于每个读书人来讲有着重大的意义，被称为人生四大礼之一。

1. 朱砂开智

所谓"朱砂开智"就是用朱砂在刚刚踏入校门的学生的额头正中点上红点，这又称为"开天眼"。它寓意着学生从此眼明心明，好读书，读好书。此环节先由北京第二实验小学校长李烈为班级代表朱砂开智（图1），随后请领导、老师、家长一起将鲜红的朱砂点在一年级学生额头的正中央，传递着学校对学生美好的祝福。

图1 朱砂开智

2. 启蒙描红

北京第二实验小学的校长李烈在开笔礼上给一年级新生上了第一课，讲了"人"字和"爱"字，她用毛笔书写的"人"字、"爱"字更是遒劲有力，学生不仅亲身体验了中国的"礼"文化，更知道了做人首先要堂堂正正地立身，要像"人"字那样顶天立地。漫漫求知路，学生在礼的教育中开始了第一课。

3. 封存心愿

此环节由学生提前在家里写好自己的心愿卡，并把自己的心愿卡封存在心愿瓶中。老师举起各班的心愿瓶，预示着学生美好心愿必将实现。

4. 击鼓明智

击鼓明智的目的在于让学生目明耳聪、茅塞顿开，做一个大气、智慧、博爱、致行的人。在开笔礼上，学校大鼓队的队员们手中持着鼓槌，有力地敲击着大红鼓，鼓声震耳欲聋，令人震撼（图2）。

图 2　击鼓明智

（二）多学科落实"礼"

北京第二实验小学的语文老师在教学中落实"礼"，在课上、课下大做文章。课上，认真倾听学生讲话，学生说得好就夸夸他，尊重同学是讲礼貌的表现。课上，邀请学生回答问题时的手势、提问时的小问号（手势）、交流中的眼神和话语无不透着一个"礼"字。

下面谈谈我们的具体做法：

汉语拼音的学习对于一年级学生是一个"难过的坎儿"，为此老师潜心研究，开创了"拼音对对碰"的语文教学活动。在活动中学生身为"小考官"，手中拿着自己做的拼音词语卡片，利用课间休息时间不但可以考考同班的同学，还可以让其他班的同学甚至老师来拼读……拼读正确，两个人就会互相介绍自己并握握手，同时这张写有自己名字的拼音卡片就可以作为"名片"送给同学，这样大家就成为了新朋友。如果拼读错了，学生会礼貌地说："没关系，我来教教你……"一个月下来，学生不但把汉语拼音当成了游戏来学习，而且喜欢上了汉语拼音，最可贵的是学生在极短的时间内结识了很多新朋友，还学会了礼貌地和别人交往，可谓一举多得。

数学学科通过"数的大小比较"一课，引导学生学会了进行数的比较，体会了一一对应的数学方法。数学老师引导学生利用所学知识帮助父母摆餐具，在这个过程中，需要数清用餐人数，准备相应数量的碗、勺、筷，判断餐具数量与人数相比多了还是少了。这个活动既应用了所学，巩固了知识，又培养了学生为家人、长辈服务的意识。当学生学会了比较数的大小，老师布置了家庭成员年龄调查表的任务。通过调查表，学生从数据上体会到爷爷、奶奶、爸爸、妈妈、哥哥、姐姐都比自己的年龄大，都是自己的长辈，需要尊敬与顺从。而弟弟妹妹都比自己小，要关心与爱护。通过一系列"礼"的教育延伸，学生深深地懂得了《弟子规》中"兄道友，弟道恭。兄弟睦，孝在中"的含义。

体育老师在教学生学习武术操的过程中，让学生了解习武中的礼节；美术老师引导学生把"礼"画在图画中；音乐老师一直在用歌声把"礼"唱进学生的心里。

二、以礼养心——活动中有"礼"

大气、智慧、博爱、致行是北京第二实验小学的校训，我们将学生的礼仪教育上升到一个非常重要的高度，在学生的日常生活与学习中，教育学生遵守礼仪，养成良好习惯，这学期的教育活动围绕"礼"精彩地开展起来。

（一）践行《弟子规》，把"礼"浸于学生的心间

礼是一套生活的规则体系，是习俗、是道德、是准则，是人们行动必须遵守的方方面面，是一个内容极其丰富的综合概念，它涉及的内容相当广泛。具体有礼俗、礼仪、礼节、坐立之礼、迎送之礼等。因此，对学生"礼"的教育就要贯穿在学生日常的学习和活动之中，要潜移默化，要润物无声。每天清晨，伴随着冉冉升起的朝阳，一年级的学生会在教室里一齐吟诵《弟子规》，懵懂之中接受着传统文化的熏陶与洗礼。

开学头三个月里，北京第二实验小学一年级组的老师每天都带领学生逐句学习《弟子规》，让学生先明白每一句的意思，因为《弟子规》中的很多语句比较难懂，这时就要联系学生的生活实际，结合小故事把道理讲明白。在讲到"首孝悌，次谨信"时，老师就把王府校区壁画故事中的《扇枕温席》讲给他们听。学

生明白了道理，老师再要求他们去践行《弟子规》。在"精彩两分钟"中，许多学生选择了与"礼"有关的话题，如孝道、礼仪、礼节等，向全班同学展示自己对"礼"的认识、体验，并与大家交流，结果他们常常能在班里引起共鸣。

"兄道友，弟道恭。"同学之间的礼让也十分重要。这也是培养学生"礼"的重中之重。老师告诉学生男生要像小绅士，女生要像小淑女。出门排队，要有先有后，不推不搡（图3）；课间活动使用的物品，要相互礼让、不争不抢；再比如，有的学生不舒服，同学们都会表示出格外的关心，这同样是一种礼仪。虽然都是些细节小事，但对学生的教育至关重要，只有时时在细节上讲明道理，才能集腋成裘。

图3　轻声轻步训练

身体力行，老师要求学生做到的事情，自己就先要做到。"步从容，立端正"，每天做操的时候，老师带着学生一起练站姿。短短的一个月就初见成效，"揖深圆，拜恭敬"，每天清晨，学生会向老师深深地鞠上一躬再走进教室。

（二）读书有礼

北京第二实验小学一年级组开展了每两周一次的读书活动。学生在读书活动中善于思考，提出问题，每次读完书后可以根据故事情节，学生分角色扮演，发挥自己的想象力，使故事更加完善、生动，增加课外阅读的兴趣，让学生切实感受到阅读是人生中的一大乐事。读书小组的建立给学生创造了一个共同阅读、共同学习、共同交流的平台，激发学生的主观能动性和阅读积极性。每次活动，小成员们都非常兴奋，乐于参加，回答问题踊跃，阅读、讨论之后，还会把学到的好词好句、名言警句或者内容进行概括，以读书小报、图画、短剧等形式表达出来，真正把阅读变为兴趣和学习方法，践行了北京第二实验小学的校训——"酷爱读书"。

（三）活动有礼

随着对"礼"的发现和了解，学生由"知"向"行"过渡。在课堂内外、进校、放学及各种活动中，用实际行动践行"礼"。同时，借助国学周、感恩节等特色节日文化，将"礼"延展。

1. 校园处处凸显"礼"

课堂内外、进校放学、各种活动都有"礼"。结合学生的年龄特点，学校针对新生习惯而创编的行为习惯小童谣对学生养成良好的习惯起到了很大的作用。在童谣导行中，学生的礼仪行为日渐改善，经常会在课上听到"将上堂，声必扬"，会在上操时看到学生在童谣"站着要学小松树，风吹雨打都不动"中挺直的小身板……随着活动的日益推进，礼仪渐渐深入童心，学生自说自导，践行着"礼"。

国学周是学校特色活动之一，在国学周里，爱"礼"懂"礼"的学生，通过成语小故事向同学们介绍"礼"，将"礼"的实践与民族文化的传承有机融合。由于一年级学生年龄小，识字量有限，学生想把"礼"和更多小伙伴交流时，除了语言表达外，绘画也是一种很好的方法，于是学生拿起小画笔，将一个个与"礼"有关的成语故事进行分享。

2. 校外时时闪现"礼"

不仅在学校大活动中，我们落实"礼"。各班还围绕"礼"，以"尊师循礼、团结友爱"为主题开展了一系列丰富多彩的活动，旨在培养学生尊师、敬师、学礼、懂礼、互帮、互助、爱自己、爱大家的良好素养，以礼养心、以礼导行、以礼传人。通过活动践行"礼"，加深学生对"礼"的理解。在快乐有趣的游戏中，学生感受、理解贯穿于中华文明的核心价值观——仁、义、礼、智、信。

（1）感恩中，学礼仪

为了把"礼"和"爱"的种子深深扎根在刚刚迈入小学校门的一年级学生心里，让学生懂得礼敬师长，永远怀着一颗仁爱的心、博爱的胸怀对待老师、长辈、同学和周围所有的人，一年级 2 班的亲子活动中特意安排了师生互动和亲子互动环节——"感恩老师"和"感恩父母"：学生给老师献花，感谢老师的培育之恩；为爸爸、妈妈梳头，感谢爸爸、妈妈的养育之恩。

（2）礼仪课中，学礼仪

在王府校区最美的金秋时节，一年级9班幸运地邀请到路佳老师在多彩时光小课堂上跟学生分享了正确的站姿（图4）和坐姿，人际交往中眼睛和手的使用，学会跟别人说"请"和"谢谢"等礼仪知识。路老师的讲解丰富生动，用学生耳熟能详的语言和情景教育方式，加强了学生的礼仪技能教育，使得学生能够更加胜任人际交往中的文明礼仪要求。

图4 礼仪训练

这次培训得到了一年级9班家长的高度评价，家长感受到了学生日常生活中点点滴滴的进步：有的家长说，孩子更加有礼貌了，礼仪课后说"请"和"谢谢"的频率比以前多了；有的家长说，孩子学会了上台如何站立和微笑，知道单手指人是不礼貌的行为；有的家长说，孩子更加尊敬长辈，见了长辈会主动问好，还懂得对长辈用敬语"您"字；还有的家长说，孩子打招呼和道歉的时候会看着对方的眼睛，不像原来眼神总会有一些躲闪；更让人高兴的是，有的小朋友还会监督爸爸、妈妈改掉吃饭的时候吧嗒嘴、坐的时候翘二郎腿等坏习惯。

（3）运动中，学礼仪

为了积极开展"礼"的教育，一年级6班在奥林匹克森林公园精心组织了一场户外集体活动，班主任、学生及家长悉数参加。在拔河、接力等集体项目中，学生发现只有团结一致，互相扶助，心往一处想，劲往一处使，才能获得集体的胜利；在两人三足等协作项目中，学生知道了只有和家长步调一致，齐心协力，才能跑得又快又好。

一年级 1 班的家长委员会请来了一名外国篮球运动员教学生打篮球（图 5），学生在学习篮球技巧的过程中，不仅掌握了篮球技巧，而且体会到运动时同样需要协作、竞争、尊师、爱伴，"礼"无处不在。

图 5　运动中讲谦让

（4）游戏中，学礼仪

学生游戏时正是礼仪训练的最佳时间。一年级 12 班的学生在家长委员会的组织下高高兴兴地走进了花卉大观园，一路上，后面的学生搭着前面同学的肩膀，开动起了人力小火车，学生时而喊着号子，时而唱着歌，同时也在互相提醒要遵守秩序，不要掉队，礼貌谦让、相互关爱的态度让人感动。游戏中，学生竞相走起了独木桥和索桥。他们有序排队、礼貌谦让，面对困难互相帮扶，完全不用家长操心。在游戏中，时时处处践行"礼"字。

（5）敬老中，学礼仪

以礼养心——知书达礼，以礼导行——彬彬有礼，以礼融德——爱人传礼。德乃人之本，孝为德之先。"尊老、爱老、敬老"是中华民族传承数千年的灿烂文化之精华，为此，一年级 14 班家长委员会组织学生来到了敬老院，在那里举办了"秋凉送暖"的爱心公益活动。以"知礼"和"行礼"为核心，发扬尊老爱老美德，传送心灵温暖，塑良好校风，凝班级聚力。在活动中，学生为老人朗诵《弟子规》、合唱校歌和《小星星》，给老人带去了欢声笑语。老人听了笑得合不拢嘴。

以上是各班围绕"礼"所展开的活动，这些活动寓教于乐，潜移默化，深入浅出，使学生在活动中知礼、学礼、行礼，了解掌握礼的内涵，培养礼的精神。

三、以礼沁心——家中有"礼"

经过一个月的小学生活，我们发现学生在学校都能够做到尊敬师长、团结同学，但是在家中的情况却很不一样。所以，我们将"学校中的礼"延伸到家庭中，做到家校一致、处处有礼。国庆长假期间，有的家长也纷纷反映，学生在和爷爷、奶奶一起吃饭的时候，一定要在长辈落座之后才坐下，长辈开始用餐后才开始动筷子。问他们为什么这么做，学生说，长者先，幼者后。家长感慨，学校太有魔力了，才一个月学生的变化太大了。

四、以礼视心——再接再"礼"

回首这匆匆逝去的一个学期，我们大胆尝试，让低年级学生在传统"礼"的熏陶下创新课程，看着学生快乐、健康地成长，我们心中的那份成就感油然而生，民族文化的传承需要我们再接再"礼"！

❀ 效果反馈

通过主题研究课的学习，"礼"已经深深地植根于学生的心灵。"礼"已经内化为学生的自觉行为，学生知礼、行礼，并传承着中华"礼"之道。

北京第二实验小学一年级6班的家长谈到：通过礼的教育，我欣喜地发现，孩子身上悄然发生了许多细微变化，此前的"骄气""娇气"明显减少了，过去一个个"小顽童""小淘气"甚至"小祖宗"，现在似乎真的长大了。在家里知道尊重长辈，吃饭等人齐了再动手，自己的事情自己做，还能主动帮助父母做些家务；客人来了知道打招呼问好，自己的玩具也更愿意跟其他小朋友分享；在外面遇到熟悉的人会行礼问好，过马路遵守红绿灯等交通规则，在公交车上主动给老人让座，公共场所自觉排队，等等。这些点滴的变化反映出礼的教育已初见成效，礼的精神逐渐在学生心中生根发芽，家长看在眼里，喜在心头。

一年级13班的家长写来了感言，她这样写道：

从开学第一天开学典礼上听到孩子们稚嫩的声音读出《弟子规》的那一刻起，从李烈校长将"人"和"爱"字重重地写入孩子和家长心里的那一刻起，作为家长的我再一次对北京第二实验小学的教育理念深深赞同。"德才兼备为圣人，德才兼亡为愚人，德胜才为君子，才胜德为小人。"所以说，"才"固然重要，但能培养出"德才兼备"及"德"胜于"才"的人才才是教育真谛，而北京第二实验小学的老师恰恰从孩子们步入校园的第一刻起就准备好了。而这一刻，也已经让家长明白：家校合一，要为社会培养一个什么样的人。走进经典、感受经典、践行经典，家长放心了！

自从孩子在学校学习、诵读了《弟子规》后，我一点一滴地感受着她在开始践行"德"于人、"礼"之道过程中的变化。开学短短两个多月，孩子和父母、老人说话的时候，"您"字增多了，"你"字消失了。这个变化着实让我兴奋！因为这一次不是我要求孩子说您，而是孩子自觉地、主动地意识到了，多么好的变化！可作为家长，我深深知道，这一个字的变化一定倾注了老师太多的心血和责任才能真正植根于孩子心里面。

变化真是天天有。"长者先，幼者后。"孩子再馋，也会等姥姥、姥爷、爸爸、妈妈都坐好才动筷子，家长心里笑了。"凡出言，信为先。"看到学校发给学生的心灵驿站中，通俗易懂地讲了"信"字的重要性。而因为我偷懒没有干完说好的事情，孩子嗔怪我说话不算数的时候，我无语了。是啊，家长要和孩子一起进步了！"凡是人，皆须爱。"当女儿说"妈妈，您累吗？我自己洗袜子，我给您捶捶背"的时候，我感动了，多么温情，也多么符合李烈校长用浓浓笔墨写出的爱字，这个爱字是放在心里、需要行动的！

 **心得与反思**

礼，一个耳熟能详，看似简单、实则博大精深的字。千百年来，人们重礼制、守礼仪、讲礼教、行礼义、兴礼俗、尊礼法，把懂礼守礼作为一种美德去追求，"礼"已经内化为人们一种自觉的意识，并贯穿于个人的思想和行为之中。

为了传承中华"礼"之道，让学生知礼、行礼，北京第二实验小学一年级组特别将"礼"作为主题研究课，并在学期之初制订了翔实的课题计划，各班围绕这一主题展开了形式多样、丰富多彩的活动，礼的精神已经牢牢根植于学生的内心深处，成为他们未来成长道路上一笔宝贵的精神财富。

我们认为对"礼"的学习、研究应当一直延续下去。

时　间

李杰、张旸

研究时间

2013～2014学年度第二学期

确定主题的缘由

　　在上学期的《家长调查问卷》中，许多家长反映孩子在家做事磨蹭、拖拉，不会合理安排时间，不能调控好学与玩的时间。其实这正是这个年龄段孩子的年龄特点，自控力差，注意力容易分散，课堂上的专注力不够集中。这些也是老师关注的问题。基于此，为了培养学生良好的学习习惯及合理安排时间的能力，一年级组全体师生达成共识，将这学期的研究主题确定为"时间"。

研究目标

　　1）通过对"时间"这一主题的研究，强化学生时间观念，引导学生学会认识时间、珍惜时间，以及懂得合理规划、利用时间。

　　2）在研究过程中，提高学生搜集材料、分析材料、选择材料的能力，通过设计小报、表演等形式的汇报提高学生图文结合的写作能力、多种形式展演的能力。

　　3）初步培养学生珍惜时间、合理分配时间的习惯。

实施过程

一、揭晓研究主题

为了让每一个学生对"时间"这个抽象的概念有一个形象的认识，开学第二周我们便利用王府校区电视台对"时间"进行了生动的诠释，并对学生发出倡议。我们向学生演示了一个小实验：一个装满时间的瓶子，依次被石头、沙子、水塞得满满的，一点时间都没有浪费。这是在告诉学生要抓紧点滴时间。若是依次放入水、沙子和石头却会有一部分空隙无法填充，这是在告诉学生要合理安排时间。形象的实验、生动的讲解，深深地吸引住了学生，也拉开了一年级主题研究课的序幕。

二、各学科实施

王府校区所有学科通力合作，让学生和时间赛跑，并利用班会让学生讨论省下来的时间可以做什么，更特别的是亲子活动中让学生在所有活动中感受"惜时、高效"的好处。

（一）语文学科

师生共同搜集了与"时间"有关的成语、谚语、古诗、诗歌、故事、寓言，并通过板报、精彩两分钟、德育十分钟、班队会、阅读课等形式交流汇报。细心的班主任还将学生积累的成语做成精美的小奖票、小书签奖励学生，这一形式深受学生的喜爱。

结合语文课文，我们还学习并制作了一天的作息时间表，请学生严格按照作息时间表生活一天，并请家长监督。这天过后，请学生谈感受，有的学生说："太难了！我规定的时间里完不成第一件事，后面的几件事就都完不成了！"几周后渐渐就有学生说："我严格按照作息时间表完成任务之后，发现我还有许多多余的时间可以再做一些我喜欢的事！"

学生在活动中慢慢发现惜时、守时的重要性。

（二）数学学科

一年级学生进入了第二学期的学习，他们的学习历程从适应走向成熟。在不留作业、不考试的背景下，激发学生兴趣、提高课堂效率是至关重要的大事。可是一年级学生，由于年龄的关系，他们做事情缺乏条理性，而且动作比较慢，因此建立时间观念对于学生的成长和学习都是非常重要的。

数学组从惜时、守时和安排时间三个角度出发，结合日常教育任务组织学生对"时间"这一主题进行了学习。

1. 珍惜时间

通过口算懂得惜时。借助口算，老师让学生体验一分钟能做多少口算题，少的能做七八道，多的能做十几道。学生发现一分钟虽然短，但是如果专心做事，也是可以做很多事情的。同时，在活动中学生还体验到提高速度的重要性，在同样的时间里可以做更多的事情，所以更自觉地加强训练。

介绍时间相关知识。借助精彩两分钟，让学生认识更多记录时间的工具，如日晷、沙漏等，让学生体验到从古至今人类都很重视珍惜时间。同时，还有学生介绍12个月中天数的由来，俗语中的时间有多长，如"须臾""一瞬间"对应的时间长短，包括光的传播速度、时间单位的介绍等。让学生在了解关于时间更丰富的知识后，更加懂得珍惜时间的重要性。

2. 严守时间

课前准备懂得"预与立"。因为学生动作慢，所以我们便借助每天课前的时间让学生养成做好课前准备的好习惯。由小干部负责提醒，同时对那些没有做好课前准备的学生进行提示。渗透"预则立，不预则废"的意识。

建立时间观念。结合精彩两分钟让学生建立时间观念，要求每人都在两分钟内完成。学生在评价中要加入讲解者在时间把握上的情况，如时间把握的合适或者长了、短了。时间面前人人平等，每人都争做守时的小卫士。

今日事今日毕。针对学生在练习中出现的问题，要求学生及时改错，主动找老师改错。从科学记忆法上为学生讲解及时改错的必要性，建立"今日事今日毕"的意识。同时，老师注意及时鼓励，让学生养成追着老师主动改错的好习惯。

遵守作息时间。让学生每天自己看钟表，安排自己的作息。准时休息，按时起床，保证充足的睡眠和精气神。

3. 合理安排

自主学习我安排。结合学生每天的学习任务，要求学生自主安排学习内容；同时制订自主学习时间表，包括周计划和日计划。

时间分配我调控。在学习竖式计算时，开展了10分钟做10道竖式题的活动。借助这个活动让学生学会分配时间。如果做得很快，可以借助用背面重做一遍的方式检查，如果做得很慢，学生可以在检查时查阅重点题。让学生懂得根据时间分配任务的重要性。

总揽全局巧安排。在做单元小达人闯关时，我们教给学生要先通读全卷，根据自己掌握的情况对时间有一个总体的分配。对于难题或相对复杂的题目，可以先跳过去。

（三）英语学科

带领学生认识了钟表，学生能够用英文正确回答整点时间，排演跟时间有关的课本剧，让学生体会到时间的宝贵，懂得珍惜时间的重要性，从而提高了学习效率。

（四）美术（时间都去哪儿了）

1）在美术教学中培养学生观察能力，通过"你在我们美丽的校园看到了什么"，通过观察、启发、思考，学生画了"我学到了交好朋友""我学会了爱护树木""我学会了向老师行鞠躬礼"等。让学生学会观察美、体会美，进而学会在画面上表现美。

2）在美术活动的过程中，激发学习兴趣，抓住各种节日的教育契机搜集资料，制作感恩卡，对学生进行爱妈妈、爱亲人的亲情教育，进而爱老师、爱同学、爱学校，学会感恩，感谢身边所有的人。

3）定期举办小小书画展，给学生展示的平台。

（五）与家庭教育相结合：在家做个好孩子

将李烈校长倡导的"在家做个好孩子，在校做个好学生"与时间主题相结合，制订"好孩子"表，家长和学生围绕践行、惜时、自主、自理、劳动五个方面对学生一周的表现进行评价，每周评议。"好孩子"表也成为了解学生在家表现的重要渠道，增强了家校沟通。

活动中家长感慨道："我的孩子原来早上起床总需要妈妈不断催促，叫早好几次，才能睡眼惺忪地勉强穿好衣服。之后刷牙、洗脸、吃饭样样催促。但这个学期，有了'好孩子'表和班级的表扬信等正能量影响，孩子这方面有了明显的改变，一般闹钟没响就能起床。我们看到这个变化真开心！"

（六）亲子活动

关于"时间"，学生在学校已经了解了很多知识与概念，学校通过组织亲子活动，让学生在活动中再次体验时间的宝贵，增强惜时意识。

我的时间我做主：惜时、勤学、爱问、求知主题活动
——一年级 1 班下学期

2014 年 5 月 17 日早上 9：00，北京国际露营公园一角热闹非凡，孩子们的欢声笑语不绝于耳。一年级 1 班全体同学和家人即将在这里开展以时间为主题的

班级活动——"我的时间我做主：惜时、勤学、爱问、求知主题班会"。

时光飞逝，当家人和学生仿佛还沉浸在刚刚步入小学的兴奋与热情之中，却发现已是一年级下学期了。经过了一学期的学习与生活，学生取得了可喜的变化，但是也还存在做事磨蹭、作息时间无规律、不珍惜时间等小毛病。为严格贯彻好学校"在家做个好孩子，在校做个好学生"的育人观，强化学生时间观念，引导学生学会认识时间、珍惜时间和尊重时间，按照班主任李老师要求，经过家长委员会和家人的充分酝酿，组织了这次活动。这次活动旨在通过游戏环节，给学生建立时间观念，体会时间的有限性、稀缺性；通过亲子互动，学生理解和感受到"时光流逝，物是人非"的自然状态；通过团队的协助，学生学会在有限的时间里，尽量完成更多的任务。时间就是财富，珍惜时间就是珍惜生命。

在"时光隧道"游戏（图1）中，爸爸、妈妈都被蒙上了双眼，由学生牵着父母的手共同走过一段段生命线，前方也许有许多的艰难险阻，但学生会尽最大的努力去完成这段旅程。走到终点，学生拿起画笔，在人像上添加一笔，画面上慢慢出现了爸爸、妈妈变老的面容。孩子啊，爸爸、妈妈爱你们，等到父母老了，你们更要关心、孝敬自己的父母啊。

图1 时光隧道（亲子合作游戏）

水漏为古代的一种计时器。盛水于铜壶，壶内置一把刻有度数之箭，壶底有小孔，水下漏，视度数变化以计时。通过水漏计时器，学生了解到古代的计时方法，同时也见证了成功的要素在于时间的累积。

看看这比赛（图2）：从水龙头处把水瓶装满水后，让水瓶经过所有组员的手传递过去，装入水桶，再将空瓶传回，以最终哪个小组最快装满水桶为排名标准。要赢得这场游戏，就要做到争分夺秒。

图 2　水漏计时（团队合作游戏）

　　一条小河里有若干的金子和沙子，每位学生都配有一个淘金筛。看，学生多努力，都想在规定的时间内淘出最多的金子。这可真是一寸光阴一寸金啊。时间就是黄金，加油！

　　一天的亲子活动结束了，学生虽然对时间有了概念，但要养成珍惜时间的好习惯并非易事，可能需要一辈子去坚守。

义利时间之旅
——一年级 6 班社会实践活动总结

　　为了让学生在社会实践过程中，进一步加深对"时间"的理解与思考，一年级 6 班家长委员会在庞军老师的带领下，围绕年级该学期的研究课主题——时间，组织策划了题为"义利时间之旅"的亲子社会实践活动。2016 年 4 月 12 日，该活动在全班老师、家长和学生的团结协作和精心准备下圆满开展，并取得了很好的效果。

　　这次活动的目的是让学生在参与社会实践过程中，培养学生观察、思考和动手能力，进一步加深学生对"时间"的理解，促进学生更好地利用时间、珍惜时间。

　　经与义利公司联系，全班积极踊跃赴义利面包厂区参加了参观体验活动。这一天，大家早早来到厂区，不仅有学生的爸爸、妈妈，还有好多家庭连爷爷、奶奶、姥姥、姥爷也一齐出马，真是人气爆棚，好不热闹！

　　活动从参观历史展拉开序幕。厂区安排专人带领大家参观了室内外义利面包历史展厅。在讲解员的生动讲解下，学生被义利面包的百年历史深深打动，一双双炯炯有神的小眼睛盯着几十年前的老照片看了又看，一双双小手簇拥着讲解员不停地提问。义利面包100多年的发展史，四代人的传承和时代变迁，让学生对时间的认识又延伸了一大步！

学生还参观了义利面包的现代生产车间，发酵、切面、烘培、冷却等每一道工序都吸引了学生驻足观看，相信他们今后会更加珍惜经过这么漫长过程制作而成的面包。

最令人兴奋的环节还要属面包的DIY制作（图3和图4），每名成员在面包工作室里，在高级技师的讲解和辅导下，发挥自己想象力，制作了各式各样的面包。大家的兴奋劲儿、幸福劲儿溢于言表。

图3　学生在面包工作室准备开始制作面点

图4　学生制作出各式各样的面点

此次活动家长委员会还契合时间主题，为学生精心设计了几个互动小游戏。学生在玩得不亦乐乎的同时，增强了效率和协作意识。

最后，"义利时间之旅"在一片欢声笑语中落下帷幕。此次活动不仅为大家提供了加强沟通、增进感情的契机，提升了班级的号召力与凝聚力，更给学生的生活加了点儿料！

追随航天足迹　铸就中国梦想
——一年级12班参观航天城有感

为了普及航天知识、弘扬航天精神，同时可以从一个更加广阔的视角审视"时间"的概念和意义，2014年4月26日，北京市第二实验小学一年级12班的班主任张旸老师和学生、家长一起参观了位于北京西北郊的中国航天城。北京航天城主要由中国空间技术研究院、北京航天飞行控制中心和中国航天员科研训练中心等几大板块组成，其研发能力和训练水平均位居世界前列。

学生首先参观了展览厅，在如同浩瀚太空的大厅里按时间序列陈列着我国航天事业发展的历史足迹。学生聚精会神地听着讲解，在答疑解惑中收获知识。通过观赏嫦娥一号卫星模型、载人飞船模型、玉兔号月球车模型，对我国航天事业的三个里程碑，即人造地球卫星、载人航天和航天器在地外天体软着陆有了感性的认识。从"明月几时有"的疑问到"欲上青天揽明月"的豪情，中国人千百年来的奔月梦想最终在航天人的攻坚克难和不懈追求中得以实现，"探月巡天只等闲"的气魄让学生对中国航天事业的非凡成就感到无比自豪。

接下来，学生兴致勃勃地实地参观了回收舱实物、航天员训练设备。其中，亚洲最大、世界第三大的模拟失重训练槽引起学生巨大的兴趣。从外表看，失重训练槽似乎就是一个硕大的游泳池，但其实暗藏玄机。航天员穿上特制的舱外活动训练服在这里进行各种太空失重训练，还可以将1∶1的航天器放入水槽中，航天员可以在这里进行开关舱门和模拟行走的全过程。

最后，学生游览了航天飞行控制大厅，观看了展现我国航天发展轨迹的大型纪录片。航天工作者"特别能吃苦、特别能攻关、特别能奉献"的精神让学生和家长深受鼓舞。光荣与辉煌的历史诉说着一代代航天人为践行中国梦做出的卓绝与艰辛的努力，伟大的梦想如同当天的阳光一样灿烂、明媚地照进现实。这种有益的给养必将在学生未来的道路上不断释放正能量。在北京市第二实验小学这块肥沃土壤上成长起来的小苗也终将会成长为中国的栋梁，为实现中国梦奉献自己的力量。

学生利用小报、课本剧表演等形式汇报研究成果。

效果反馈

围绕这期主题"时间"开展的活动得到了家长的赞同，觉得一年级的学生正是建立时间观念和培养抓紧时间做事的最佳时期，因此家长和学生积极参与，可以说是全班全员参与。这一系列的活动收到了良好的效果。在调查问卷中，许多家长反映孩子有了时间观念，比以前更懂得抓紧时间了，初步养成了抓紧时间做事的好习惯。

家长反馈一：这学期的主题研究课是"时间"，最大的感受是孩子慢慢学会主动去问时间，对时间有了一定的认识，由于之前没有刻意让孩子自己去定时间、自己完成一件事，现在孩子会主动提出几分钟之内我会完成什么，虽然做得还不是很好，但对时间算是有了一定的概念，会在约定好的时间里认真去完成指定的事情，这已经非常了不起了……

家长反馈二：主题研究课"时间"让孩子更真实地了解时间，也更懂得珍惜时间，合理安排时间，这对孩子养成良好的学习习惯、生活习惯都有很大的帮助。

家长反馈三：主题研究课的内容是时间。各科老师通过各种形式让孩子们体会时间的存在，学习时间的管理。时间管理即自我管理，孩子每天在家的时间由他自己制订计划来管理。虽然有时候还需要提醒和督促，但总体而言已经比上学期有了很大的进步和提高，感谢主题研究课的科学安排。

心得与反思

通过这学期的主题研究课，学生取得了可喜的变化。我们严格贯彻好北京第二实验小学"在家做个好孩子，在校做个好学生"的育人观，强化学生的时间观念，引导学生学会认识时间、珍惜时间及懂得合理规划、利用时间。我们组织了多种活动，给学生建立时间观念，体会时间的有限性、稀缺性。我们所做的这些平凡小事恐怕会在学生的记忆中淡忘、遗忘，但希望有一些好习惯伴随他们，有一种好品质陪同他们，有一种好心态帮助他们，有一种鼓励温暖着他们，这就是我们今天的责任，是我们今天所有言行的意义所在。"博观而约取，厚积而薄发"是我们对学生的要求和期待，在知识无限而生命有限的漫漫学途中，懂得时间、善待时间对于刚刚开始学习的学生是必要的。学生在实践中对时间有了更加深刻而全面的认识，激励着他们在以后的学习和生活中尊重时间、善用时间。

习　惯

王颖捷、吕亚琳、宿　慧

研究时间

2011～2012 学年度第二学期

确定主题的缘由

所谓"习惯"是指长时间养成的不易改变的行为动作、生活方式、社会风尚等，而"好习惯"顾名思义，也就是良好的、使人受益的习惯。

我国著名教育家陶行知先生曾经说过："播种行为，就收获习惯；播种习惯，就收获性格；播种性格，就收获命运。"这一育人哲理道出了培养良好习惯的重要性。一个人良好的习惯会让其受益终身，习惯是行为的自动化，是一种顽强的力量，它可以主宰人的一生，决定一个人的命运！

从蹒跚学步、牙牙学语至今，我们学习过不少日常行为规范，其实这不仅是一种要求，也是一种"养成"教育。学习这些日常行为规范，实际上就是在学习的过程中逐步养成好习惯。小学生的习惯不是一朝一夕可以养成的，更不是靠教师的强制性命令和强制性措施，而是要在教师、家长的共同努力之下，根据学生的心理特点，一步一步地进行引导，在潜移默化中内化为自己的行为，从而养成好习惯！

本学期在学生上学期已经初步了解学校、爱上学校，了解作为一名小学生应遵守的一些基本行为规范的基础之上，结合学校"10+n+3"的评选改革，努力在王府校区营造"我是王府小主人，我要增加一个好习惯"的氛围，将研究重点放在了好"习惯"的坚持和继续培养上。

研究目标

1）学生知道"10+n+3"的评选内容，正确认识自身问题，明确前行的方向，加深对好习惯的理解；学会用成语描述习惯、用日记记录习惯、用图画感受习惯、用实际行动展示习惯。

2）学生在实践过程中提高分辨是非、自我管理、自我调控的能力。

3）树立规则意识、正确的人生观、价值观，培养坚韧不拔的毅力。

实施过程

在实施前，明确研究流程，即明确主题—营造氛围—家校合力—教育活动—习惯画展—竞技比赛—数学日记—亲子活动—总结表彰—反思展望。

一、学科融合，开展丰富多彩的教学活动

开学初，北京第二实验小学一年级全体教师讨论并制定了本学期主题研究课的主题——"习惯"。

（一）语文学科

语文学科以成语为载体，培养学生良好的行为习惯。教师让学生课前搜集有关形容人物品质、品格的词，形容刻苦学习的词，形容仪表仪态风貌的词，并做成词卡，学生在课上给大家讲解（图1）。再根据学生的讲解，同学之间相互监督落实。例如，说话、待人接物要落落大方；站立时要昂首挺胸；读书、写作业时要专心致志、争分夺秒、全神贯注；做任何事遇到困难时要锲而不舍、精益求精；温习知识时要学而不厌；等等。这样一来，学生在学习成语的过程中不但加强了对成语的理解，还潜移默化地培养了各方面良好的习惯。

此外，语文教师充分挖掘教材每个单元的教育意义和价值，做到以知识教学为载体，培养良好的行为习惯。例如，在学习课文《纪念》时，让学生通过阅读书目养成爱护公物、爱护建筑的习惯；在学习课文《冬冬读课文》时，引导学生真正地走进文本，与人物对话，在潜移默化中让学生懂得学会尊重、鼓励和帮助别人。

图 1 学生课堂上展示积累好习惯的词语

（二）数学学科

数学学科结合本学期数学教材中与学生生活最为紧密、与主题最契合的内容——人民币，帮助学生建构基本正确的行为意识；积累一些良好的行为习惯；学生初步学会感恩、学会环保、学会消费与理财、学会自我约束、学会独立管理日常学习用品等。数学学科的具体活动如下。

1. 设计日记体的长作业

教师利用每一次小长假的机会，指导学生在陪父母外出旅游或购物消费的时候，帮助父母记账，并应用学过的简单统计方法详细记录流水账。鼓励学生及时写下每一次花钱的感受、体验花钱中的策略问题等，教学生学会节约、学会感恩，感恩父母所给予的物质生活，感恩当下幸福的生活（图2）。

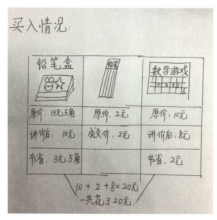

图 2 学生的数学日记

2. 模拟买卖交易的活动

各班均设计了课堂买卖的数学实践活动课，指导学生正确使用人民币，学会花钱与找零。课上学生用手中的"假钞"开始交易，学生不但学会了根据人民币的票面付钱和找零；而且学会了在同类商品中选择合适的商品，同时积累了一些降价商品、打折商品、团购商品等与现实生活情境联系紧密的实际经验。

物物交易活动让学生真正感受到了"生活处处皆环保"。将自己玩过的玩具拿来与别人交换，不仅实现了钱的节约，而且实现了玩具的"绿色"交流；将自己的玩具放在自己的班级，实现了资源的"绿色"共享；将自己的零花钱和图书捐赠给贫困山区的孩子，实现了爱的"绿色"传递；等等。学生感受到了商品的重复利用与延长使用都是爱生活、爱身边资源的环保行为，这也是未来合格公民的基本素养。

（三）英语学科

英语学科结合学科特点，以帮助学生学会倾听、培养学生自信表达为目标，为学生养成良好的学习习惯打下坚实的基础。

在师生共同明确了"听"的重要性后，给学生提出了课堂上"听"的要求：眼睛注意看、耳朵注意听、精神要集中、积极思考、踊跃发言。同时端正倾"听"的态度，要做到"四心"即耐心、细心、用心、虚心。掌握"听"的方法：先听懂要求，明确要听的内容；在听同学发言前，自己先思考；认真倾听，将他人的答案与自己的答案对比，取长补短；要给自己带来启发，在大脑中多问几个为什么。

此外，"我是最棒小歌星""超级模仿秀""小小英语书法家"等英语主题活动帮助学生树立了自信，培养学生认真观察、细致模仿、规范书写的好习惯。

（四）其他学科

美术学科将主题研究课的主题深入美术课堂，教育学生"养成一个好习惯"。学期初，教师将"画一画你的好习惯"（图3）的绘画方法讲授给学生，并为学生布置了学科"长作业"，要学生细心观察生活，画出学生已养成的一个好习惯。接下来，利用美术课的精彩两分钟，鼓励大家说说和展示自己养成的好习惯及绘画作品，学生之间不断进行督促、检查。学期末，利用家长进课堂的机会，请家长与学生共同绘制"我养成了一个好习惯"的作品，让学生在家长与教师的共同鼓励下，提高自信，达到养成习惯的目的。利用王府校区的展示栏举办学生"养成一个好习惯"的绘画作品展示交流活动，鼓励学生把养成的一个好习惯坚持下去。

图3　画一画你的好习惯——"弯弯腰"

体育学科本学期开展了年级运动会、两套广播操的年级比赛、托物接力跑等丰富多彩的集体活动，很好地培养了学生的规则意识、观赛礼仪、创新精神、竞争意识、团结协作、热爱集体等良好习惯。

品德与生活学科本身就是以儿童的生活为基础，以培养品德良好、乐于探究、热爱生活的儿童为目标的活动型的综合课程。"我的家人与伙伴"教学生学会了用自己的方式关爱父母长辈，与伙伴交往的基本原则；"健康生活每一天"教学生养成良好的个人卫生习惯，学会自我保护。

二、年级活动，好习惯浸润点点滴滴

除各学科以外，年级还开展了许多活动来配合学生养成良好的习惯。我们录制了"早读"铃声，培养学生专时专用的习惯；写有"轻步轻声"的两只小手（图4）穿梭于王府校区的每一个角落，时时提醒学生安全游戏、慢步轻声；"图

图4　有秩序的课间活动

书漂流"活动（图5）大大激发了学生读书的兴趣；继续坚持使用"王府景观卡"（例见图6），培养学生各方面的好习惯；"小干部轮换制"培养学生自我管理、自我反思的能力；"人人爱王府，时时观王府"的主题班会培养学生爱护公物的意识；"我当家，我做主，我们的力量大如天"的主题班会培养了学生的主人翁意识和自理能力；"我中有你，你中有我"的主题班会让学生学会了尊重、感恩、与人为善。"10+n+3"让每一位学生都找到自己的价值，从而激发每一位学生进取的精神，使学生在原有的水平上获得更多、更优化的发展；以"非物质文化遗产"为主题的亲子活动，更是培养了学生的爱国情感。

图5　图书漂流

图6　小提示牌帮助学生养成好习惯

❀ 效果反馈

　　学生层面：在所有人的共同努力下，绝大部分学生有了很强的规则意识、分辨是非的能力和集体荣誉感；学会了感恩、如何与伙伴交往、如何尊重和关爱他人；提升了自我管理、自我反思的能力；学会了用成语、用日记、用图画来表达心中的情感；每一个学生都在原有的基础上增加了一个或多个好习惯！他们变得越来越阳光、大气、懂事。

　　老师层面：从主题的选题、开题、目标制订、活动设计和实施过程中，老师不仅看到了学生行为的进步与规范，体验了老师职业特有的幸福与快乐，同时也学会了一系列行为矫正的技术，积累了更多设计综合项目活动的经验，提升了学生爱的能力。

心得与反思

一个学期下来，我们为学生身上的变化而高兴，我们意识到了好习惯对于学生一生发展的重要性，也意识到了学生习惯的培养需要耐心、爱心、细致和不断鼓励。

结合"习惯"这个主题的研究与培养，我们对北京第二实验小学的"10+n+3"的评价改革也有了更深层次的理解。虽然一年级的学生年龄还小，一下子记住这么多方面的要求真的很难，欲速则不达，我们应允许学生的发展有一个培养的过程。

我们会继续努力，从今天做起，从现在做起，从小事做起，在生活和学习中继续培养学生也包括我们自己一个又一个好习惯，让好习惯伴随我们终身，成为我们走向成功、辉煌的一个又一个五彩的阶梯，实现在活动中教师和学生的同步发展。

游　戏

赵　丹、裴　菊、张　丽

 **研究时间**

2014～2015 学年度第一学期

 确定主题的缘由

　　列斯加夫特有一句名言，"我们应该利用游戏，为了教会儿童掌握自己动作的本领"。因此，结合一年级学生的年龄特点确定研究主题为"游戏"。

　　一年级是小学教育的起始阶段，为了实现学生的全人发展，一年级的课程建设是围绕"人"字的"撇"和"捺"展开的。我们遵循"开放、实践、整合"的思路，结合一年级学生的年龄及心理特点，以游戏为载体，发现、发展、发挥每一位教师的长板，建立一年级的"学森体系"。在游戏中强调"规则意识"在学生层面的落实，依据"游戏"这个平台的基础，坚持科学的"规则"渗透与训练，切实落实培养良好习惯的目标。

研究目标

1）感受参与游戏活动时的愉悦心情，体验游戏时的成就感。
2）让学生发现游戏中规则意识与合作的重要性。
3）让游戏陪伴学生健康成长。

实施过程

一、活动启动阶段（9月1日至11日）

（一）破冰

提前让学生进入参与的角色，利用班会讨论开展"游戏"要注意些什么？最喜欢的游戏是什么？游戏中可能会遇到哪些困难？经过思考和讨论，学生对游戏的兴趣更浓厚了。

（二）心理游戏激发活动兴趣，初步感悟游戏规则的重要

依托心理游戏的平台，在学生喜欢的活动中继续深入培养良好的行为与生活习惯。依托"运球入杯""成长林"两个游戏内容，带学生初步了解"游戏"，懂得掌握游戏中的规则，培养学生有序做事情、懂得合作的意识。

图1中每个学生手持一根小棒，边走边松手，争取扶住前面同学的小棒。

在图2的"爱心传球"游戏中，学生的规则意识不断加强。

图1　"不倒林"游戏　　　　　　　图2　"爱心传球"游戏

二、活动实施阶段（9月14日至12月11日）

（一）参与体验，逐渐掌握游戏中的规则

引导学生在游戏中逐渐掌握规则。

（二）游戏中的平行选修课

游戏从两个维度出发，一个是学习兴趣，另一个是学习需要。游戏以学生兴趣为出发点，兴趣是最好的老师。进入一年级下学期后，学生学习的生字逐渐增多，老师教给学生很多种记字方法，例如，用熟悉的字加一笔、减一笔、换一笔

来记字，用熟悉的字加一部分、减一部分、换一部分来记字，用顺口溜、猜字谜的方法来记字，等等。学习《元宵节》和《看花灯》这两篇课文后，学生对通过猜字谜、记汉字的方法非常感兴趣，所以就有了"猜字谜"这个平行选修课的主题，让学生在玩中学，在学中玩。总之，在兴趣中学，更有利于提高学生的自主学习能力。

1. 活动方式

1）小组内进行猜字谜交流—班内进行猜字谜交流—同楼层进行猜字谜交流—全年级进行猜字谜交流。

2）全年级各班学生针对自己的弱项进行报名，进入相应班级学习。

2. 具体安排

1）猜字谜：由"猜灯谜"开始延伸到"猜字谜"。

2）期末复习：生字类复习、词语类复习、句子复习、阅读复习。

3. 评价方式

1）自评：猜字谜和复习后，学生在全班对自己在活动中的表现进行自我评价。

2）互评：在猜字谜和复习交流中，伙伴间进行互评。

4. 具体内容

本学期，语文平行选修课是以"游戏"为载体展开的，在游戏的过程中，老师播撒着快乐的种子，学生在玩中学，在学中玩，体验着成功的喜悦。

首先是趣味十足的"猜字谜"游戏。结合"元宵节"这个单元的教学内容和生字的记法，学生进行了"猜字谜"的游戏，学生需要亲手制作非常精美的字谜卡片，然后和同伴进行交流。游戏的过程也是有层次的，学生先在班里和同学分享自己精心准备的字谜，然后再到同楼层、年级中去进行"猜字谜"的游戏。在游戏的过程中，学生尽情交流、思考，猜不对时，学生间互相鼓励、互相加油打气；猜对之后，学生间互相夸奖，互送字谜卡片以作纪念。在"猜字谜"活动中，学生学会了有序的准备、表达和鼓励；学生还提高了自己的语言表达能力和与同伴交往的能力，原来不善言辞的学生，通过"猜字谜"的游戏，变得更加自信，更愿意和同学交流了。可以说，学生在收获快乐的同时也体验着成功的喜悦。

其次是趣味无穷的"不倒林"游戏。先由一组学生做示范，其他学生观察后进行讨论，学生通过仔细观察、认真讨论，掌握做游戏的方法。然后每一组同学都体验"不倒林"游戏，在一次又一次的实践中学会相互配合，明白合作的重要性。

再次是期末评价的三个妙趣横生的小游戏——小小书法家、故事大王和表演小达人。学生在"小小书法家"的游戏中，用心书写每一个字，"提笔就是练字时"的意识已深入每位学生的心中，学生写出了一篇篇赏心悦目的书法作品，体验着书写带来的快乐。学生在"故事大王"的游戏中，大胆自信地和同学分享自己带来的故事，能用自己的语言讲出一个完整的故事，既提高了口语表达能力，又增强了自信心。学生在"表演小达人"的游戏中，通过自由组合进行了课本剧的精彩展示，既提高了语文的综合能力，又感受到了游戏中学习的乐趣。

最后是非常有针对性的"期末复习"。这次平行选修课主要包括生字类复习、词语类复习、句子复习和阅读复习这四大类。活动前，学生针对自己的弱项进行自愿报名，之后打乱班级，老师进行走班教学。学生通过这次活动，不仅提高了自己的弱项，还在游戏活动中体验着成功的快乐。

（五）游戏中开展"平行选修课"追记

以学生的切实学习需要为基础。低年级的教学重点是识字、写字，学生的识字量直接影响其阅读、理解能力，而学生的识字量对学生的阅读、理解能力都很有帮助，所以开展"猜字谜"活动，有助于学生打好汉字基础。"期末复习"时，学生结合自己的弱项进行有针对性的学习，这很有必要，也非常重要。

1. 教师收获

通过开展"猜字谜"平行选修课，学生对汉字的学习兴趣更高了，不同班级的学生在一起没有陌生感，很快就能融合在一起，平时不敢交往的学生在伙伴默契的目光中也能勇敢地参与活动、主动交流。通过开展"期末复习"平行选修课，学生有针对性地提高了自己的弱项。在感觉学生有所获的同时，老师也收获满满。

2. 激发兴趣最重要

识字与写字是低年级学生的教学重点，激发起学生的学习兴趣至关重要。通过"猜字谜"这个游戏活动，学生深深地爱上了汉字，学生的兴趣被大大激发出来，不得不说"兴趣是最好的老师"，在以后的教学中依然要重视学生学习兴趣的激发。

3. 合作学习快乐多

通过"猜字谜"这个游戏活动，学生不仅提高了自己的记字能力，更重要的是，在学习的过程中还提高了自己的动手、观察、表达、合作能力，大大提高了自信心，感受到了学习的快乐！通过"期末复习"这个活动，不同班级的学生在一起学习，有了不同的合作体验，在体验中学到了更多。在以后的教学中也要多给学生合作学习的机会，让学生在体验中学习，在体验中成长。

（六）各学科同步

1. 数学学科游戏教学

游戏为"找朋友"——万以内数的读法与写法。数的读写总是单调乏味，让学生看着"数"写"文字"或者看着"文字"写"数"，还有没有更好玩的方式，让学生在读法和写法上觉得更有意思？那就快让学生一起在游戏中学习数学吧。

通过活动掌握万以内数的读法和写法，能够按照一定的要求正确写数。同时，在读写数的过程中能够灵活处理"0"的问题。培养学生仔细倾听、认真观察的好习惯。

活动1：读写好朋友

老师准备一些纸，每两张为一组，分别写上数的读法和写法，共写出三组。然后贴在学生后背上，让他们根据别人后面的读写来判断自己后面的是什么，同时找到与自己相匹配的读法或者写法。

举例：老师在六张纸上写出数的读法和写法。然后给六个学生贴在后背，让学生找到与自己相匹配的读法与写法。

在这个游戏的过程中，需要先观察同伴后背的贴纸，然后看到哪些可以一对一对地组合在一起，一一排除，最后剩下的一个就应该是能与自己匹配上的好朋友了。

活动2：按要求找朋友

老师准备六张纸，每两张为一组，分别写上数的要求和写好的数，共写出三组。然后贴在学生后背上，让学生根据别人后面的读写来判断自己后面的是什么，同时找到与自己相匹配的要求与数。

学生非常喜欢这样的活动，他们会乐此不疲地分组玩。老师可以让学生自己设计背后贴纸及整个过程。

2. 英语学科游戏教学

《义务教育英语课程标准（2011年版）》明确提出："教学活动，特别是课堂教学应激发学生兴趣，调动学生积极性，引发学生的思考，鼓励学生的创造性思维。"在本学期英语主题研究课中，英语课堂要通过游戏教学，将教学内容与生动、有趣的游戏形式有机整合，实现学生对学习的情感介入与学习能力的提升，使学生真正体验到学习的幸福与美好。

活动1：英语游戏之单词篇——单词擂台赛

在单词学习与复习阶段，可以通过单词擂台赛游戏，提高学生认读单词的兴趣。通过单一模块、全册模块等不同擂台赛形式，评选出班级单词擂主，并在学期结束时在电视台进行总决赛，同时评选出年级单词擂主，从而提高学生认读单词的兴趣和能力。

活动2：英语游戏之课文篇——课文表演

在课文扩展阶段，可以通过给课文配音、课文表演、创编课本剧（图3）等多种形式，调动学生朗读、表演的欲望，提高学生的听、说能力。同时，利用"英语电视台"的平台，开展丰富多彩的活动，给学生更多的实践机会，让学生在活动中、娱乐中学英语。这样既增加了学生实践英语的机会，同时也提高了学生应用语言的能力，使学生在不知不觉中喜欢上英语。

图3　分角色表演英语课本剧

3. 体育课，在游戏中体会规则

本学期围绕年级组的主题研究内容，体育组也进行了相关的研究，主要是以游戏为载体对学生进行相关的训练。老师带领学生更加深入地了解"游戏"，掌握游戏规则，学会有序做事情，懂得合作，感悟成功的快乐。

在体育课的队列练习中，在转法练习中，考虑到学生会感到枯燥，为了提高学生的练习热情，加强学生的注意力，在练习中老师会进行组与组之间的比赛。例如，向左转、向右转、向西转、向东转，以组为单位，谁做错了，那就蹲下（淘汰掉），最后没有蹲下的人数最多（淘汰的人数最少）的组获胜。

在体育课的跳绳过程中，学生感觉比较枯燥、累，那么作为教师就要考虑如何让学生练习的积极性更高，如何让学生更加主动地锻炼，因此在跳绳的过程中，给学生创设了"小小挑战家"游戏，在第一次练习后，每个学生都有了自己的纪录，在以后的练习中，学生不断挑战自我，挑战班级的最好成绩，挑战年级的最好成绩。通过教师的激励，学生更加积极主动地练习，更加愿意挑战自己与他人，结果是成绩不断被刷新，练习的积极性高涨，随之而来的也是每个学生能力的提高。同时，培养了学生挑战的能力和勇气，提高了学生的自信心。

课间操也是围绕着游戏来进行的，为了提高学生的注意力和自我控制能力，我们进行了"金鸡独立""木头人"的游戏，看看学生在一定的时间里，如何控制好自己的身体和情绪而不受外界的干扰。游戏让学生知道了自己是可以控制好自己的。随着练习时间的延长，学生自主、自律的能力也得到了加强，学生更愿意做游戏，游戏中的造型也越来越难。学生在游戏中提高了自我管理的能力，真正做到了寓教于乐。学生在体育教学中始终以游戏为主，尤其作为低年龄段的学生来讲，要更多以游戏贯穿教学，这样才能让学生喜欢上体育课，养成终身运动的习惯。

本学期的运动会打破了以往的模式，采用了集体的形式来参与运动。学校开设了团体操比赛、健身球比赛、接力跑比赛，同时也提倡老师积极参与。记得有一位家长写到，"运动会"是老师一同参与的体育活动，学生有了凝聚力、集体感，他们收获了快乐！还有一位家长写到，"运动会"比赛了各班级的集体项目，增强了班级凝聚力。友谊第一、比赛第二，"运动会"调动了学生的积极性，对学生的成长很有帮助。

4. 音乐课中"游戏"的运用

在音乐课中，选择合适的音乐游戏活动，有计划、有目的地运用游戏的形式，学生进行音乐素质的培养，学生在自由、轻松、愉快、灵活、丰富多彩的音乐活动中初步感知音乐、理解音乐、表现音乐。

1）超级小耳朵：锻炼学生的音乐听觉，老师或同学出题，学生回答。

2）唱名字：教师或学生用 mi sol la 三个音任意演唱同学的名字，请其他学生唱出名字。

3）小小作曲家：学生用 mi sol la 编创歌词，请其他学生演唱。

4）音乐接龙：学生根据所学的 mi sol la 三个音任意组合演唱，下一个学生将依据最后一个音继续接唱。

三、活动总结阶段（12月12日至1月15日）

1）汇报展示为最后展示"游戏"这个板块学习成果做好准备。

汇报形式有分角色表演、数学游戏竞赛、字谜大比拼、游戏创作、体育游戏嘉年华。

2）汇报展示的内容紧紧围绕"游戏"这一大主题下的五种汇报形式。其中，在室内进行的活动有分角色表演、数学游戏竞赛、字谜大比拼、游戏创作。体育游戏嘉年华在室外开展，包括集体运球、接力赛、棒球赛、足球射门、爱心传球等10项内容。10个班级按顺时针方向移动，保证每个学生每项运动都能够百分百参与，展示时间为周二上午半天，组内成员团结合作，每个项目有1～2位老师提供指导和帮助。

 效果反馈

一、教师层面

1）在进行游戏前，老师将游戏规则告知学生，学生在初步认识的基础上，还不能很好地把握规则，于是，在游戏中受到了挫折。例如，在"运球入杯"游戏中，学生按每10人一组的方式分成了若干小组后，带着对游戏的初步认识，凭借着激昂的热情开始进行游戏。第一次游戏中，学生因为没有掌握好游戏技巧，所以游戏未能获得成功。就这样，在学生积极探求的目光中，老师将游戏技巧又一次说明，引发学生进一步思考。第二次游戏尝试中，学生将行为进行调整，虽然还是没能获得成功体验，但是较第一次有了提高。学生再进行小组总结、讨论、集体交流，进一步掌握游戏的规则和技巧，然后再一次尝试，直到最后获得成功。一次又一次的认识与发现，学生的思想发生了潜移默化的改变，从对游戏规则的不熟悉到一点一点的掌握，学生的认知在提高，自信在增长。

2）小组合作的过程并不是一帆风顺的，学生各有各的想法，在游戏中欠缺妥协和接纳意见和建议，造成了游戏的失败。有这样一个小组，小组成员都是很有个性的孩子，凑到一起进行游戏，总是出现"翻车""断桥""手助球跑"的事情，最具个性的一次是直接用手拿着球放到杯子里说"我们组成功了"。当他们面对失败后，经常做的就是指责，你说我不对、我说你不好……连续失利的游戏活动结果，让他们开始丧失对游戏的兴趣和信心。面对这样的情况，老师开始介入，与小组成员共同讨论失败的原因，引导学生更多地发现身边伙伴的优点和长

处，尤其是在游戏中发挥个人优势，帮助学生找回自信，找回对彼此的信任。然后，进一步探讨失败的原因，讨论时对事不对人，努力探求成功的方法。最后，鼓励学生不要害怕面对失败，学会从失败中汲取经验，让下一次做得更好。有的学生在讨论结束时笑着说："失败是成功之母。"学生从中懂得了合作的意义。在接下来的游戏体验中，他们虽然还是出现了失败的情况，但是已经能够以平和的心态面对，并且积极总结经验，最终小组获得了成功的体验。

二、学生层面

在活动交流中，学生谈体会时提到了这些内容，有的学生说："我知道了做游戏不能着急，得一步一步来……"有的学生说："跑动的过程中，必须按顺序，如果不按顺序跑，就会乱掉。"还有的学生说："眼睛要一直盯着看，不能走神，不仅看自己的桥板还要看伙伴的桥板。"这样的谈话内容让我们了解到，学生通过游戏获得了宝贵的经验，那就是——有序做事。

学生总结经验时说到很多方法："桥板一定要一个挨着一个搭建平稳，不能我想怎样就怎样。""搭桥时要互相靠紧，手指别跑到桥上面，跑的时候一定要快速到位，一个接一个。""球进杯前桥要斜着搭，大家动作慢一点，别着急。"有的学生则是这样说："我刚开始的时候总比别人高一点，小球过不去，大家都叫我低一些，我听了大家的话，把手放低，小球就过去了。"……学生在合作中学会了妥协与悦纳，因而获得了成长与进步。

三、家长层面

荷荷妈妈：规则，一个听起来略显抽象的词汇，从一年级学生口中自然流露时，多少会给大人带来一些惊喜。这一切源于老师精心设计的有趣游戏，让规则变得如此生动和直观。每念及此，脑海里总会浮现操场上孩子们在老师的带领下，向着设想中的美好结果努力着，享受着游戏所带来的一切。这是一个开放的课堂，没有刻板的说教，孩子们在游戏中感受到步调一致、劲往一处使带来的喜悦，同时品尝着因不遵守游戏规则而导致的失落。一年级主题研究课游戏丰富多彩，孩子们还成功体验了"猜字谜""成长林""摸鼻子"等单人、双人、多人游戏，形式多样的游戏体验，让孩子们不断成长与进步。在游戏中，孩子们深刻感受到，一个班的同学，共同遵守规则终能完成大家觉得很难达到的目标，每个人都为自己的表现自豪，同时产生强烈的集体荣誉感。例如，"爱心传球"给孩子们带来的体验很多。"我们在传球的时候需要观察竹子的斜度，球既能快速地传到下一个小朋友那里，同时不掉地。"荷荷描述，一开始斜度不够，球滚得很慢。后来他们调整斜度，又过了，球很快就掉地上了。爱心传球的难度跟桶离最后一个小朋友的距离相关，如果距离远了，球传出去的小朋友就得赶紧跑到队尾等着，直到队尾的小朋友能直接将球滚进桶里。在游戏中，孩子们为解决问题不断尝试，直到找到最可行的方案。作为家长，我欣喜地看到游戏给孩子带来的力量。常言道，最好的教育就是激发孩子们的兴趣，让孩子们感受到学习过程的乐趣，感受到合作的乐趣。有时几个小朋友结伴表演一个节目，看着他们认真商量，互相分配任务，商定角色，准备物资，一切有条不紊地进行着。主题研究课"游戏"已经慢慢深入他们的思维。我相信，游戏带给他们的不仅仅是体验，是协作，是快乐，更是对未知世界的无穷好奇心。这就是主题研究课的魅力：让学生学会多角度、多维度地思考、沟通、配合，以满腔的热情实现既定目标。

轩轩妈妈：小游戏带来大收获！放学回来后孩子会时不时跟我讲一些跟同学做的小游戏，比如不倒林、纸牌游戏，还会自编自写一些小字谜、英语歌。每每看到女儿绘声绘色地向我描述游戏过程时，我能深深感受到她的快乐；每次看到她自言自语地创作字谜，并认真地写在小纸条上，我都能看到了一个孩子身上散发出的灵性和童真。这一切让我感觉到学校教学方法的丰富多彩。当有一天，我亲耳听到孩子娓娓道出团结、合作、友好、规则、相互信任等词语时，我不由得充满了惊喜和震惊，一个一年级的小朋友怎么就能体会到这些呢？后来经过与老师沟通，我才知道这些不是简单的游戏，而是学校精心设计的主题研究课中的"游戏"。作为家长，我非常认同提倡素质教育和全面发展的理念，现在孩子大多是独生子女，生活环境优越，因此德育更加重要，比起学习知识，孩子们更要学会爱、学会感恩、学会合作、学会分享、学会守规则……而主题研究课就像是一把开启德育之门的金钥匙。这种创新性的教学方式充分利用了孩子爱玩儿的天性，把一些哲理和为人处世的方法蕴藏到一个个简单有趣的小游戏当中，这不仅激发了孩子们的兴趣，而且让孩子们在参与中体验，使一些原本不易讲解的道理变得生动形象，在孩子们纯净的心灵上洒下了诚实、善良、坚毅、勇敢、守纪、友爱等一颗颗闪光的小种子。

心得与反思

在学生来看，"游戏"就是"玩儿"，就是大家一起进行活动。这样的想法并没有错，从定义上来看，"游戏"就是以直接获得快感为主要目的，并且必须有主体参与互动的活动。我们需要让学生进一步认识到的是：不管什么游戏都存在规则，规则是玩好的前提和基础。想要做好一件事，需要充分的准备，想要玩好游戏，需要掌握游戏的规则。体验过程是第一步，通过体验获得了哪些感悟是重点提升，因此游戏活动后老师要及时反思总结。学生发表自己的看法，倾听同学的建议，好习惯达成共识，发现游戏中规则意识的重要性，感受到尊重、信任、关爱是合作的前提，学会与人交往，快乐合作。

游戏活动是学生最感兴趣的部分，是提高学习兴趣和学习积极性的方式。理想的教学活动是教师用充满创造力和想象力的游戏，让课堂充满欢乐、情趣。在此活动过程中，做到全学科参与、全体教师参与、全体学生参与，围绕"游戏"这一主题开展立体式研究活动。每个学生都有收获，这种活动形式受到学生和家长的充分认同，最终实现活动目标。

游戏活动对小学课堂教学的确有很大的帮助。但在游戏活动中要选准时机、选好环境、适时适量地进行运用，这样游戏在课堂中就能真正起到调节课堂氛围、尊重学生个性发展、培养学生分工合作能力、锻炼学生动手动脑、发挥学生想象力和创造力的作用。

二年级主题研究课

动　物

庞　军、李玉新

研究时间

2012～2013 学年度第二学期

确定主题的缘由

1）主题研究课的学习，要求学生在发现问题的过程中激活各科学习中的知识储存，在解决问题的过程中提高学生的综合实践能力、获取信息的主动性和积极性。

2）本着尊重学生个性、满足学生需求的原则，根据学生的意愿、兴趣设计选题，问题来源于学生，强调学习的选择性。

3）通过丰富的具有科研味道的体验，努力使学生形成立体、多元、系统的思维方式。

研究目标

1）通过对"动物"这一主题的研究，学生更多地了解动物是人类的朋友，了解动物的生活习性，了解动物对人的影响和特殊价值。

2）在研究过程中，提高学生搜集材料、分析材料、选择材料的能力，通过设计小报、表演等形式的汇报提高学生图文结合的写作能力、多种形式展演的能力。

3）在研究过程中，让学生更加喜欢动物，热爱大自然，树立环保意识，能够以身作则地保护我们赖以生存的环境。

实施过程

一、三月：确定研究主题

1）一个好题目的选出对主题研究课的顺利进行意义十分重大。在学校的引领下，本次主题研究课的主题将从学生中来，让敢想、敢说、敢做的学生提出自己的研究主题。我们首先利用三月份的集会时间发起动员，下发问卷，把主题研究课的主题抛给学生，让他们去思考、选择。

2）当我们看到学生上交的主题问卷中有90%以上的学生选择了"动物"这一主题作为研究方向后，我们与李烈、芦咏莉两位校长进行了沟通，随之这个"动物"的研究主题便应运而生。

3）我们利用广播时间把"动物"这个研究主题公示给全年级的学生，学生的研究热情被充分地调动了起来，师生共同投入到研究中。

二、四月、五月、六月：落实研究主题

针对王府学生的年龄特点，我们采用了以班级为单位、家长委员会参与的方式引领学生进行阶段性研究。每个班确定了各班研究的小主题，分别以不同的形式开展研究、交流、展示。

（一）二年级5班张未老师带领学生研究"天鹅"

天鹅羽毛洁白，姿态优美，叫声动人，行为忠诚，是纯洁、忠诚、高贵、优雅的象征。

图1 学生戏剧表演

研究汇报中，班级分为五个小组从不同的角度介绍和展示了天鹅。有的小组带来了自己绘画的天鹅图片、手工制作的立体天鹅，有的小组播放了经典的《天鹅湖》视频片段，还有的小组讲述了天鹅的种类、习性等。

学生结合语文教材中的课文——《丑小鸭》改编了戏剧——《丑小鸭变天鹅》（图1），在编排戏剧的过程中，学生的综合能力得到提高。

（二）二年级7班郝成燕老师带领学生研究"蜘蛛"

虽然学生对蜘蛛这种动物不陌生，但很少有学生真正了解它，甚至还有些学生害怕它。

定好了研究主题后，学生再次分组，从不同的角度研究蜘蛛。有的小组从文学故事方面了解蜘蛛，有的小组从科普角度认识蜘蛛，还有的小组在大自然中观察蜘蛛。通过各种方式的研究，学生发现蜘蛛行动敏捷，做事有毅力，遇到困难不退缩，坚忍不拔。同时，蜘蛛对待朋友十分真诚，乐于助人，而且蜘蛛妈妈充满了伟大的母爱。学生对蜘蛛有了新的认识，好多女生还克服了内心的恐惧，不再害怕蜘蛛了。

二年级7班学生成立了"八条腿儿研究室"，研究室还向学生提出了倡议。

倡议书

迎着阳光，拥抱春天

亲爱的同学们：

发现了吗？干枯了一个冬天的草地拱出了嫩绿的小芽，光秃秃的玉兰枝头冒出了可爱的毛茸茸的小花苞，迎春花也在努力着，争取最早散发出自己的色彩……春姑娘，带着她的温暖气息，已经向我们款款走来！同学们，还等什么？让我们忘记冬天那让人抑郁的雾霾，迎着春天的明媚阳光，敞开心扉，共同奔向怡人心田的大自然吧！我们将依然以最爱的读书，迎接最美的春天！

本学期，我们读书的主题是由大家投票决定并高票通过的"动物"。这正好是上学期《昆虫记》的延续，可以更深入地培养大家多角度、多形式的阅读、学习和研究的好习惯。因此，我们推荐家长们可以提前带着孩子一起阅读《夏洛的网》《森林报》及沈石溪的系列动物小说，结合爱、动物和春天等内容，让大家更深入地阅读、享受阅读！当然，也欢迎同学们推荐更多其他优秀的动物书籍和大家一起分享！

阅读书目：《夏洛的网》

读书方式：1）郝成燕老师讲解阅读（图2）

　　　　　2）亲子阅读展示

图 2　在郝成燕老师的带领下，学生做亲子阅读

二年级 9 班张莞老师和全班同学共同研究"狗"，他们的研究分为以下四个部分。

1）搜集有关狗类进化、习性等的资料。

2）观察家里或小区里的狗，可以拍下自己和狗的照片。

3）积累与狗类有关的四字词语，可以以随笔的方式写下自己与小狗的点滴或对小狗的感受。

4）通过主题研究课小问卷检验学生的研究所得，将校本主题研究课的评定与之结合。

研究课小问卷

二年级 9 班主题研究课小问卷

班级：＿＿＿＿＿＿　姓名：＿＿＿＿＿＿　学号：＿＿＿＿＿＿

1. 关于狗类的进化你了解哪些知识？

2. 关于带"犬"或"狗"字的词，你积累了哪些？

3. 狗的品种有很多，你能说出几种狗的名字吗？

4. 关于狗你还知道什么？

（三）二年级 10 班庞军老师带领学生走进"马的世界"

他们了解了"马的来源和特点""马与人类""马的故事和传说"。每个部分下设十几个具体问题，共设置 40 个小问题，让每个学生负责其中一个小问题，分别去收集资料，再汇总讨论或展示。

1. 具体研究问题

1）马的来源和特点（介绍马的自然生理属性）。

2）马与人类（介绍马的发展、马的文化、马的运动等）。

3）马的故事和传说。

2. "走进马的世界"亲子活动

1）马类知识竞答赛。

2）骑矮马活动。

3. 主题班会

主题班会分为三个部分——"马的来源和特点""马与人类""马的故事与传说"。每位学生都上台做了精彩介绍，有的学生介绍了马的奔跑速度，有的学生告诉大家马是怎样睡觉的，有的学生一口气介绍了世界上的 11 种马，有的学生合作介绍了马匹之间如何沟通，还有的学生详细讲解了马术运动和马球运动。学生朗诵了关于马的经典诗句，介绍了世界上画马的著名画家及其作品，讲述了塞翁失马的典故及有关马的成语故事，介绍了关羽和赤兔马的感人故事、特洛伊木马的传说，马踏飞燕，茶马古道，木牛流马……

学生从多学科、多角度、多层面了解了马的知识，感受了马的精神，他们的精彩演讲博得家长的阵阵掌声。

最后，老师和家长寄语同学们：马代表了忠诚、善良、奉献、坚强等精神，我们要把马的精神融入我们的学习和生活中，像马一样积极向上、勇往直前，像马一样志向高远、百折不挠，希望我们班的同学长大后都能像一匹匹千里马一样奔驰在广阔的世界上……

（四）二年级 11 班李杰老师主题研究活动是"雏鹰起飞"

鹰自古以来就是勇猛、权力、自由、独立的象征，被奉为鸟中王者。目前，在十几个国家的国旗、国徽中，我们都可以找到鹰的图案。就连我们的友好学校——美国圣马可小学的校徽就是一只长着鹰的翅膀的雄狮。学生以班会的形式汇报了自己的研究成果。

主题班会课（图 3）上，李杰老师讲述了一个震撼的、令人心动的故事——《再生的雄鹰》。老鹰是世界上寿命最长的鸟类，可以活到 70 岁，它在 40 岁时必

图 3　精彩的主题班会

须做出困难却又重要的决定。当老鹰活到 40 岁时，它的爪子开始老化，无法有效地抓住猎物。它的喙变得又长又弯，几乎碰到胸膛。它的翅膀变得十分沉重，使得飞翔十分吃力。它只有两种选择：等死，或更新。更新的过程十分痛苦，用新长出的喙把指甲一根一根地拔出来，当新的指甲长出来后，它们便把羽毛一根一根拔掉，等新的羽毛长出来再次飞翔。这个故事说明，在我们的生命中，有时候必须做出困难的决定，开始一个更新的过程，必须把旧的习惯、旧的传统抛弃，使我们可以重新飞翔。只要放下旧的包袱，学习新的技能，我们就能发挥潜能，创造新的未来。

《鹰的故事》让学生知道他们就要像小鹰一样，从小坚强、自立，只有不畏艰险，展翅高飞，才能赢得属于自己的万里晴空。

在主题研究课后，学生说出自己的感受："我喜欢老鹰的坚强和勇敢，更敬佩它惊人的毅力。""我喜欢老鹰的神勇和精准。它能快速地抓捕猎物，真是令人不可思议。我以后做事也要提高速度和准确度。""我觉得鹰特别坚韧，不屈不挠，它的伟大重生创造了生命的奇迹！这提示我们，为了取得新的更大的成绩，我们必须经受漫长且痛苦的磨炼。"

（五）二年级 12 班张旸老师带领学生研究企鹅

他们制订了细致的研究方案，并且按计划开展活动。

研究方案

名称：企鹅之家

亲子活动主题：团结的力量可以战胜一切；坚持不懈的精神是我们努力的目标。

活动形式：

1）第一阶段：观看纪录片——《帝企鹅日记》。

该影片以纪实的手法描绘了帝企鹅在南极气候条件极度恶劣的条件下，靠着强大的意志力，保护小企鹅的顺利成长。该影片使学生体会到生命的成长是多么的不易，体会到父母在自己成长过程中付出的艰辛。

2）第二阶段：探究"企鹅"——观后感讨论。

对企鹅的外形、特点、生活习性、分布范围等知识进行资料搜集；谈谈影片观后感，自己从影片中收获了什么。

3）第三阶段：开展亲子游戏（拔河、接力赛等），向小企鹅学习——团结互助力量大。

（六）二年级15班张彦老师带领学生研究狼

1. 研究原因

第一，狼是地球上生命力最顽强的动物之一，它体魄强壮、极善奔跑、机警灵敏。所以我们也应该向它学习，让自己变得更加强大，因为只有有了优秀的个人才能组成强大的集体。

第二，狼特别具有团队精神，狼一般七匹为一群，各司其职。我们生活在集体之中，每个人都应该为之努力，我们要互帮互助，具备很强的凝聚力，这样才能战胜困难。

2. 研究步骤

研究步骤共分为三个阶段。

1）第一阶段：通过查阅书籍、上网搜索、询问家长等方式了解狼的特点和生活习性。

2）第二阶段：学生阅读有关狼的故事书。有的学生读了《狼图腾》，有的学生读了与狼有关的寓言故事、成语故事等。

3）第三阶段：积累与狼有关的好词佳句，如狼的成语、描写狼的句子等。

3. 研究效果

通过一系列的研究，学生进一步了解了狼，知晓了它的习性，了解了它的故事，积累了关于它的词语。通过学习，学生明白了团结、互助、顽强的重要性，并在小组内开展深入、细致的研究。

（七）二年级16班赵虹老师带领学生研究牛

通过查找资料，大家对牛有了比较全面的了解：

牛很健壮。无论拉车、耕地、打场都不费吹灰之力。

牛很无私。它吃的是草，挤出的却是奶。它住在破旧的牛棚里，却勤勤恳恳、任劳任怨。

牛的全身都是宝。牛肉能吃，牛奶能喝，牛皮能穿，牛黄能治病，就连牛粪都可以当燃料。

牛有勇气，敢于创新。初生牛犊不怕虎，谁都怕"牛脾气"。

牛很执著，也很倔强。据说如果草原着大火，只有牛能跑出来。因为羊很软弱，不懂得逃脱；马过于自信，跑得快却跑不过火；只有倔强的牛，偏要迎着火跑，才能逃生。

在中国文化中，牛是吃苦的符号、高尚的象征、任劳任怨的代名词。牛以勤勤恳恳、任劳任怨、埋头苦干的精神为世人所喜爱与赞赏。历代文人墨客留下了许多歌颂牛的诗篇，许多仁人志士和贤达伟人也每每以牛自喻。有不少咏牛的名篇佳句，学生找到许多描写牛的成语和诗句，积累并背诵了下来。

正因为牛具有勤劳、淳朴的美德和自我牺牲的精神，人们才赞美牛，喜欢牛。通过对牛这种动物深入的了解，学生表示要学习奶牛的无私，斗牛的勇敢，像耕牛一样一步一个脚印、脚踏实地地学习、成长。

三、七月：汇报成果

我们为学生搭建主题研究课展示的舞台。

效果反馈

一、学生层面

下面是学生参加主题研究课后，写下的自己的感受。

"通过参加主题研究课，我们长大了。虽然我们年龄小，但是成立了班级研究室，并取了一个可爱的名字，叫'八条腿儿研究室'。我们班每一个同学都是一名小小研究员，准备把我们的研究成果在研究室中一一展示。我们在交流中提出问题，共同进步！"

"我们班在主题研究课'动物'中研究的是老鹰，我喜欢老鹰的坚强、勇敢、神勇、精准，更敬佩它惊人的毅力。它的伟大重生创造了生命的奇迹。这提示我们为了取得新的更大的成绩，必须经受漫长且痛苦的磨炼。以后我也要学习老鹰碰到困难不退缩、努力上进的精神。"

二、家长层面

学生家长也通过本次主题研究活动，有了收获。

"通过主题研究课，我们带领孩子来到了中国国家博物馆，孩子不仅认识了博物馆里各种以动物为主题的文物，也对中国古代陶器的制作、动物的进化、保护等产生了较浓厚的兴趣。我们陪着孩子一起学习、成长。"

 心得与反思

主题研究课打破学科界限，将多种学科整合到一起，体现了大教育观。从学生的角度，不仅能够拓宽知识面，开阔视野，而且能够让学生从自己的兴趣点出发，搜集资料，在交流中学会合作，在合作中学会整合。

主题研究课是一个开放的平台，在这个平台上，学生和老师共同学习，共同成长。通过主题研究课，学生不仅获得了丰富的课外知识，更在过程中享受了思考、探索、合作的乐趣，增长了学习的能力。教师在主题研究课的过程中，和学生一起讨论，适时地给予指导，并不断地阅读去增长相关知识以更好地指导学生，这一切的乐趣与收获均来自主题研究课。从英语学科的角度来思考，我们能够带领学生探索同一主题下国外的现象与研究，帮助学生开阔视野；同时，学生能够以主题为载体，练习使用英语，并增加学习英语的兴趣，可见，这是学科与主题研究课相辅相成、共同作用在学生与教师的成长历程上。

由于低年级学生的认识水平和能力有限，低年级主题研究课开展起来比较困难。学生"研究"什么，如何"研究"是开展研究的难点。我们觉得低年级的主题研究课不应该只是简单的知识普及，教师应该提供启发性的引导和简单的研究方法的指导。在过去两年的低年级主题研究课的开展过程中，班级的研究状态取决于教师的投入，教师起着决定性的作用。另外，主题研究课结束时应该达到一个什么目标或标准，是需要我们继续思考的问题。

合　作
赵 丹、韩 伟

研究时间

2015～2016学年度第一学期

确定主题的缘由

　　合作是一个极具吸引力的主题。这个主题是开放的、有价值的、有挑战性的、学生感兴趣的，有利于培养学生的思考能力、创新意识和人际交往能力。

　　通过合作能集众人之智慧，取长补短，达到共同提高的目的。现在学生大部分都是独生子女，家庭居住单元化，相互往来少，做事玩耍大都是自己一个人自弹自唱，久而久之，性格就较孤僻，缺乏与他人合作的意识和能力，在心理上也有着诸多不利于合作的因素。这更体现合作这一板块主题的实施意义。

　　我们遵循"开放、实践、整合"的思路，结合一年级学生的年龄及教材特点，以秋天、运动、合作为主题，建立一年级的"主题板块"式学习。我们将一年级各学科教学重点进行整合，以提高学生的学科素养为最终发展目标，实现教育资源的最大化。在合作中强调"规则意识"在学生层面的落实，切实落实培养目标。

研究目标

1）为学生创设良好的合作环境。
2）促进合作中的友善互助。
3）加强合作中的独立思考，发挥学生的主体作用。

🌿 实施过程

一、活动启动阶段（9月1日至11日）

破冰：讲清主题单元学习的意义和简单的探究方法策略。

活动前：学生从以下两个方面思考。

1）什么是合作？什么时候需要合作？

2）你还想提出什么问题，了解哪些相关的内容？

教师总结学生的前测内容并对前测内容进行大致分类，引入超学科的融合。

例如，有哪些与合作有关的词语、谚语及文章？什么游戏离不开合作？会合作的动物有哪些？

3）为学生创设良好的合作环境，根据小学生年龄小、注意力易分散、形象思维占优势等特点，板块教学中充分开发多元教学资源，给学生创设合作的环境，让学生在轻松、愉快的环境中自觉进行合作。

二、活动实施阶段（9月12日至10月23日）

（一）班级活动"梦的调色板"

为了让全体学生充分发挥个人特长，增强班级凝聚力，感受合作的重要性，丰富课外知识，促进全体学生共同进步、提高，通过采取互助自学的方式，各班成为会合作、善合作的集体。在班级活动中，"梦的调色板"效果突出。

1."梦的调色板"主题活动实施方案

将全班41个学生按照各自特长自愿报名分组，分为4个达人团队，分别为小小文学家、小小科学家、小小艺术家、小小游戏家。同时，每个达人团队推选一名负责人。各小组利用每周一、三、四、五中午休息时间进行学习，每次15分钟，这样利用午休时间，学生就可以互助学习，丰富课外活动。一个学习期结束后，全班学生将进行投票，选出心目中该月收获最大的科目，该科目的达人团队将被评为"冠军团队"。

充分利用好板报等形式加强宣传展示。例如，小小艺术家每个月最后一次授课时间为作品展示时间，全班所有学生将本周学到的简笔画共同画在一张大大的画纸上，贴在班级板报进行展示。为充分调动所有学生的积极性，增强学生的参与感，活动分为两种形式——大课堂和小课堂。大课堂重在发挥学生的组织能力和团队协作能力；小课堂重在发挥学生的个人能力。

（1）大课堂活动方式

4个达人团队每周牵头组织一次活动，发挥团队优势，共同办好一次活动。例如，小小文学家团队开展了学习寓言故事的活动。10名文学达人分工配合，将故事以话剧的形式在全班同学面前表演，组员们按演员和故事讲述者等分工协作，道具由团队自己制作准备。再如，某次小小科学家团队活动介绍太阳系行星。诸如此类，由各团队负责人召集团队成员共同研究、确定活动内容。

（2）小课堂活动方式

将全班40名学生分为10个学习小组，每组4人，由4个达人团队各安排一名成员组成。依据学生的座位情况，可按照"就近原则"，由4个达人团队各安排一名成员，组成由4个人组成的互助自学小组。每名小组成员都要按照各自所在达人团队的要求，充分发挥个人的自主能动性确定活动内容，这样每个人都可以通过学习填补自己的弱项。

例如，该月"小小艺术家"确定的主题是绘画交通工具，团队成员要在此范围内，自主确定绘画的具体内容，飞机、火车、轮船等均可。再如，该月"小小游戏家"确定的主题是趣味游戏，团队成员要在此范围内，自主确定游戏的具体内容（翻绳、折纸等）。

（3）活动步骤

对全班学生进行填表调查，每个学生选出自己擅长和较弱的项目，为防止某一团队成员过多、某一团队成员过少的现象，擅长项目为双选，弱项为单选。依据填表情况组成4个达人团队，之后再由每个团队推选出1名负责人。根据上述要求组建互助互学小组。

（4）样表

活动样表如表1所示。

表1　活动样表

	小小文学家	小小科学家	小小艺术家	小小游戏家
哪个称呼最像我（选2个）				
哪个称呼最不像我（选1个）				

（5）各达人团队要提前确定每个月活动的主题

1）"小小文学家"团队：成语故事、中外寓言、历史典故等。

2）"小小科学家"团队：动物版块、植物版块、地理版块等。

3）"小小艺术家"团队：交通工具、水果蔬菜、经典建筑等。

4）"小小游戏家"团队：体力游戏、智力游戏、趣味游戏等。

（6）时间安排

1）每周一为"小小文学家"团队成员工作时间。

2）每周三为"小小科学家"团队成员工作时间。

3）每周四为"小小艺术家"团队成员工作时间。

4）每周五为"小小游戏家"团队成员工作时间。

首先利用2周时间开展大课堂活动，之后开展小课堂活动，中间适时组织开展大课堂活动。

以上四项活动受到学生和家长的一致好评，学生的参与热情高，每个环节的合作过程提高了学生的综合能力。

2.4个具体活动内容

（1）"小小文学家"活动

曹　冲　称　象

演员（11人）：曹操、曹冲、许褚、荀彧、蛮兵、大象、船、石头甲、石头乙、秤、旁白。

旁白：很久很久以前，有一个大丞相叫曹操。一天，南方的蛮族向曹操供奉了一只大象。

（蛮兵、大象进场。）

旁白：蛮兵带领大象来到曹操面前。

蛮兵：（面向观众）我是蛮兵。

　　　（入戏）启禀丞相，我族供奉大象一只。

大象：（面向观众）我是大象。

曹操：（面向观众）我是曹操。

　　　（入戏）大象为何这么小？

大象：我才二年级……

旁白：曹操看见大象很高兴。这时，曹操问道。

曹操：（问蛮兵）你的大象有多重？

蛮兵：在下不知。

旁白：曹操问身后的随从。

曹操：谁能称一称大象的重量？

荀彧：（面向大家）我是荀彧。

（入戏）造一杆比大象还要大的称，称一称就知道了。

曹操：那得多大的称啊？不行不行。

许褚：（面向大家）我是许褚。

（入戏）我们可以把大象砍碎了一块一块称。

曹操：胡闹，砍碎了大象就死了！

旁白：这下所有人都犯了难。

（所有人愁眉不展，说"怎么办，怎么办"。）

曹冲：（面向观众）我是曹冲。

（入戏）父王，我有一个办法。

曹操：说说看！

曹冲：我需要一条船。

船：（跳出来面向观众）我是船。

（走到教室的另一端）

曹冲：我还需要一些石头。

石头甲、石头乙：（跳出来面向观众）我们是石头。

曹冲：最后我需要一根香蕉。

旁白：曹冲用香蕉把大象引到了船上。

（用棍子绑一根香蕉，用香蕉把大象引到船上，大象趴到船的后背，船侧伸双臂表示水位高度。）

曹冲：大象下船，石头上船。

（大象下船，船双臂举高，表示水位上升。石头甲、石头乙趴到船的后背，船水位再次下降到大象的位置。）

曹冲：现在我需要一杆秤。

秤：（跳出来面对观众）我是秤！

曹冲：称一称石头的重量。

（秤拎起石头甲、石头乙的脖领。）

秤：石头一共500斤。

曹冲：根据力学原理，水位相同代表重量相同，所以石头的重量等于大象的重量。大象重 500 斤!

（所有演员鼓掌欢呼，曹冲好聪明! 太厉害了!）

旁白：曹冲称象的故事告诉我们，在现实生活中遇事要多动脑筋。经常锻炼自己的思维能力，会使人变得越来越聪明。

（所有演员列队整齐，鞠躬谢幕!）

（2）"小小科学家"活动

走进太阳系

演员（11 人）：太阳、水星、金星、地球、火星、木星、土星、天王星、海王星、月球、旁白。

旁白：众所周知，我们生活的星球叫地球。我们的地球处在一个更大的星系——太阳系之中。

今天我带大家来了解一下我们的太阳系。首先要介绍太阳系的中心——太阳。

太阳：（跳出来面对观众）大家好，我是太阳!

我是太阳系中唯一的恒星，是太阳系的中心天体。太阳系质量的 99% 都集中在我身上，所以我是太阳系中最大的胖子。太阳系中的所有成员都围绕着我运行。

这下大家一定会觉得我硕大无比了。其实，与无边无际的宇宙大世界里的其他恒星相比较，我的身高、体重都是普通得不能再普通了。只是因为我离地球比较近，所以在大家看来我才是天空中最大、最亮的胖子。其他的恒星离大家都非常遥远，即使是最近的恒星，也比我远上 27 万倍呢，所以它们看上去只是一个闪烁的光点。

组成我身体的基本都是些普通的气体，我是一个热得发烫的气球，我的表面温度有 6000℃ 哦。你们平常只能看到我的表面，因为它是不透明的，所以不能直接看见我的内部结构。

旁白：好，我们已经认识了胖子恒星——太阳，下面我要给大家介绍的是太阳系中的成员——行星。行星是围绕恒星运转的天体，行星都是圆圆的。下面出场的是——水星!

水星：（跳出来面对观众）我是水星!

我是太阳系中的类地行星，我主要由石头和铁组成。我的自转周期很长，足足有 59 天，也就是说，水星上的一天有地球上的 59 天那么长。但是我 88 天就能绕太阳一周，也就是说，水星的一年只有 88 天，地球可是有 365 天哦。大家想一想88天就能过一次春节的感觉，是不是特别开心？我没有卫星环绕，也就是说，我的天空中没有月亮。我是八大行星中最小的行星，也是离太阳最近的行星。我朝向太阳的一面，温度非常高，可达到400℃以上。这样热的地方，就连铅球都会熔化，所以你们是不可能到我这里旅游了。我背向太阳的一面，由于长期见不到阳光非常寒冷，比地球上最冷的冬天还要冷许多。1974年和1975年，美国发射的"水手10号"探测了我，照下了5000多张照片。这才发现我长得酷似月球，大小不一的环形山，还有辐射纹、平原、裂谷、盆地等地形。我是太阳系中仅次于地球、密度第二大的天体，也就是说，别看我个头虽然小，我可是太阳系体重第二重的哦。

旁白：谢谢水星的自我介绍，下面出场的是——金星！

金星：（跳出来面对观众）我是金星！

大家好，我是离地球最近的行星。中国古代称我为长庚、启明、太白或太白金星，《西游记》中忽悠猴子的太白金星就是我哦！我这里的一年大约是225天，和地球很接近了。我在你们夜空中的亮度仅次于月球，在你们每天的黎明和黄昏是我最亮的时候。我是你们能看到全天中最亮的星星，犹如一颗耀眼的钻石。大家要记住，我是夜空中最亮的那颗星星哦！

旁白：谢谢最亮的星星——金星的自我介绍，下面出场的是——地球！

地球：（跳出来面对观众）我是地球！

我是太阳系从内到外的第三颗行星，也是太阳系中直径、质量和密度最大的类地行星。我和你们很熟了是不是？下面我告诉你们一个关于我的秘密吧，一般人都不知道哦。我已经很老了，44亿～46亿岁了。对了，我还有一颗天然卫星，月球。

旁白：月球有没有到场？

月球：（跳出来面对观众）大家好，我是月球！

我围绕着地球旋转，大约30天一圈。我的自传周期和地球一样，24小时哦。我平时紧紧跟随地球，所以围绕太阳的公转周期也是一年的。大家注意哦，我可不是行星，我是卫星，地球的卫星！

旁白：感谢地球和月球，下面出场的是——火星！

火星：（跳出来面对观众）大家好，我是火星！

我是太阳系由内往外数的第四颗行星，属于类地行星。我的直径是地球的一半，公转一周大约是2年。我有橘红色的外表，因为我的表面满是氧化铁，也就是你们说的铁锈了。我基本上是颗沙漠星球，地表沙丘、砾石遍布，没有稳定的液态水体。我的大气全是二氧化碳，既稀薄又寒冷，沙尘悬浮其中，常年有尘暴发生。我也有南极、北极，由水冰与干冰组成了极冠，也会随着季节消长。是不是和地球很像？大家记住，我和地球非常相像就好了。

旁白：谢谢火星，下面出场的是——木星！

木星：（跳出来面对观众）我是木星！

我是太阳系八大行星之一，距离太阳顺序为第五，却是太阳系中体积最大、自转最快的行星。也就是说，我是太阳系中看起来最胖的行星哦。我是一颗气体行星，我的身体主要由氢和氦组成，中心温度估计高达 30 000℃。是不是和太阳有一点儿像？古代中国称我为岁星，因为我绕行太阳一周为 12 年，与地支相同。我在太阳系的八大行星中体积和质量最大，是其他七大行星总和的 2.5 倍还多，是地球的 318 倍。由于我是太阳系中自转最快的行星，因此我并不是正球形的，而是两极稍扁，赤道略鼓。我在天空中的亮度仅次于太阳、月亮和金星。大家记住我是太阳系中真正的最胖的行星哦。

旁白：下面出场的是——土星！

土星：（跳出来面对观众）大家好，我是土星！

我也是太阳系八大行星之一，与太阳的距离位于第六，体积则仅次于木星。与木星、天王星及海王星同属气体巨星。我是太阳系第二大行星，只有木星比我大哦。我与邻居木星十分相像，表面也是液态氢和氦的海洋，上方同样覆盖着厚厚的云层。我的表面狂风肆虐，沿东西方向的风速可超过每小时 1600 千米。我上空的云层就是由这些狂风造成的，云层中含有大量的结晶氨。大家想象一下一个全是液态氢和氦的海洋世界，那就是我了！

旁白：谢谢土星，下面出场的是——天王星！

天王星：（跳出来面对观众）我是天王星！

我是太阳向外的第七颗行星，在太阳系的体积是第三大，质量排名第四。我是第一颗在现代被人类发现的行星，虽然我的光度与五颗传统行星一样，亮度是肉眼可见的，但由于较为黯淡而未被古代的观测者发现。威廉·赫歇耳爵士在 1781 年 3 月 13 日宣布他发现了我，在太阳系的现代史上首度扩展了已知的界限。我也是第一颗使用望远镜被发现的行星。我的大气主要成分是氢和氦，还包含较高比例的由水、氨、甲烷结成的"冰"，与可以察觉到的碳氢化合物。我是太阳系内温度最低的行星，还有复合体组成的云层结构，水在最低的云层内，而甲烷组成最高处的云层。我的名字是三个字哦！

旁白：好，下面出场的是——海王星！

海王星：（跳出来面对观众）我是海王星！

我是环绕太阳运行的第八颗行星，是围绕太阳公转的第四大天体。我在直径上小于天王星，但质量比它大，我的质量大约是地球的 17 倍。作为典型的气体行星，我的表面呼啸着按带状分布的大风暴或旋风，我身上的风暴是太阳系中最快的，时速达到 2000 千米。我看上去是蓝色的，因为那是由大气中甲烷吸收了日光中的红光造成的。尽管我是一个寒冷而荒凉的星球，不过科学家推测我的内部有热源，和土星、木星一样，辐射出的能量是吸收的太阳能的两倍多。

旁白：同学们，我们所在的地球是太阳系的一部分，而太阳系又是银河系的一部分。银河系是一个棒旋星系，直径 10 万光年，包括 1000 亿～4000 亿恒星。而银河系又是宇宙的一个小小部分。

宇宙是无限大的，宇宙间还有许多奥秘等着你们去探索和发现。你们是人类的未来，还有许多难题在等着你们去探索和认识，为了使祖国更强大，你们一定要努力学习科学文化知识，牢牢掌握过硬本领哦。

（所有演员列队整齐，鞠躬谢幕！）

（3）"小小艺术家"活动

绘画是学生可以掌握的最直接、最朴实的心灵表达方式，绘画也是最主观、最自由的创作方式。我们提供给学生最接近自然的绘画素材和自由的创作理念，用以唤起学生对生命的热爱，培养学生回归自然的审美，解放学生的想象力和思维方式。

本期活动核心：将提供的鲜花素材与绘画工具相结合，绘制心中的图画。

所需用具：绘画工具（学生自备，种类不限，水彩笔、油画棒等）。各种颜色的鲜花素材、双面胶、白纸（老师提供）。

"小小艺术家"团队负责组织、分发所需用具，并讲解。

每名学生可以根据自己所需，挑选不同颜色的鲜花素材，按照自己的想象随意粘拼和绘画，双面胶用于固定素材。

达人团队组织全班同学对所有同学的创作进行点评，并将所有作品表彰并展示。

（4）"小小游戏家"活动

跳房子大赛

跳房子是"70 后""80 后"小时候常玩的游戏，因为沙包是当时最常见的游戏玩具。学生可以感受爸爸、妈妈的童年时光，体会最原始、单纯游戏的快乐。

地上画4个房子，全班学生随机分成4组。每组10人，对应1个房子，以5对5的形式进行比赛。

游戏用具：沙包、粉笔（画房子）。

游戏规则：游戏开始后，互为对手的5人小队各派1名代表，通过猜拳决定游戏次序，之后队员按次序交叉进行游戏。第一个人将沙包扔在某一格内，随即开始单脚跳，在两格横排并列处用双脚跳，跳至第7、第8格时，双脚同时跃起向后转身再往回跳，回程捡起沙包，最后返回第1格，跳出房子后结束，并将投中的格子占领。然后，对手小队出场队员将沙包扔在未被占领的某一格后完成跳跃流程，占领格子。再交换对手，以此类推。

在玩的过程中，沙包扔不进格子内或沙包压线、跳跃过程中脚踩线、应单脚落地处双脚落地都属于违规。一旦违规，视为占领失败，格子恢复自由，该队员被淘汰。并改由下一名对手队员开始跳。每名队员无论成功占领格子与否，都只有一次游戏机会。游戏最后，占领的格子数字相加数值比较少的小队失败，全队被淘汰。

8个5人小队通过第一轮比赛，获胜的4个5人小队晋级下一轮，按以上规则继续比赛。产生2支小队进行决赛直至胜者诞生。

在合作板块学习中，每个学科都各具特色，做到了多学科同步的教学方式。

（二）语文学科

新课程改革的理念提倡把以往分科的教学活动内容整合起来，将更有利于学生的发展。我们遵循"开放、实践、整合"的思路，结合一年级学生的年龄及教材特点，以秋天、运动、合作为主题，建立二年级的"主题板块"式学习。合作是有吸引力的主题，学生很感兴趣且具挑战性，有利于培养学生的思考能力、创新意识和人际交往能力。因为围绕主题的每个内容都要合作。

1. 课堂内的合作

首先，根据学生的不同特点进行有机的组合。学生个体的差异表现在性格、能力、爱好等方面。他们有的活泼，有的内向，有的能说会道，有的动手能力强。合作学习往往是以四人小组为单位进行的。

其次，分工要明确。小组内合作讨论确定研究主题、内容及形式。每个小组的学生轮流当小组长，小组长主持小组活动，按小组学习要求，组织大家交流、讨论、争辩、朗读。每次学生的合作学习由小组选出一名代表，作为各组"代言人"向全班展示他们的学习成果。"代言人"不断变化，每个学生都有可能根据不同的学习内容和自己的特长成为小组"代言人"，也就使每个人都有机会表现自己。这样有利于加强学生之间的配合，起到相互带动、相互促进的作用。

2. 课堂外的合作

尝试利用各种资源，自主探究完成实践内容，并通过丰富的形式与其他组员巧妙融合，为最后的汇报做好准备。整个活动过程真正体现自主、合作的原则。从而往往能够达成学生个人难以达成的目标，使学生的认识从"要我合作"进步到"我要合作"（图1）。

图1　学生围绕板块内容进行合作汇报

（三）数学学科

在板块式主题教学过程中，老师力求体现学生发展的阶段性、知识的层次性，让学生经历尝试、想象、假设、操作、研究和分析一系列活动，最终找到解决问题的途径。在学生探索的过程中，老师要舍得花时间，让学生有足够的时间去探索和思考，体验合作过程，掌握合作方法。

在合作这一主题下，学生学习了教材中的《图形的认识》和《测量》这两部分内容。《图形的认识》中，老师先组织小组讨论，再通过分工动手折一折、剪一剪、拼一拼等实际动手操作活动，学生感受到合作学习的乐趣。学生互相帮助，利用轴对称的特点，剪出秋天的树叶、可爱的小鸭、风车等多种美丽的图案，收获合作带来的快乐（图2）。《测量》中，为了给学生充分的时间与空间去测量，积累测量的经验与感受，老师制作了一个任务单，以小组为单位，带着任务去操场测量。测量的过程就是合作体验的过程。学生测量落叶的长度，可以先测量1片落叶的长度，再测测一个台阶是几片落叶的长度之和。利用身边喜欢的物体，就地取材，量一量哪些物体是1米长，哪些物体2米长。并量一量其他学生自己喜欢的事物，然后交流结果。学生互相鼓励，探讨经验，快乐合作让数学课生动、有趣，在合作中收获了不一样的成长！

图 2　学生小组合作完成作品

（四）音乐学科

老师选择了受小朋友喜欢的《洋娃娃与小熊跳舞》《蜗牛与黄鹂鸟》，不仅仅教学生会唱这两首歌，还要教学生理解歌曲的内涵，歌曲讲述了什么样的故事，告诉大家什么道理，时刻提醒学生唱歌的正确站姿和换气方法，并引导学生做到用不同的情绪演唱不同歌曲。

结合这一板块中主题学习与体验式活动教育，继续培养学生良好的歌唱习惯。在这一板块，学生在音乐中快乐学习歌曲，这一板块旋律活泼、轻快，学生在学习演唱中，体会合作的乐趣。这一板块激发学生学习的乐趣，使学生拥有演唱的愿望，注重榜样的力量。

（五）英语学科

1. 我们将本学期教学内容进行整合与规划

将 How do you go to school？Does he/she …？ Routines 几块内容整合在一起。

2. 与自己的日常生活结合

用英语表达自己一天的作息安排。

3. 以小组为单位

请其他同学来评一评自己的作息时间安排是否合理，是否有利于自己的身体健康。讨论怎样安排一天的生活才最合理，学会安排自己的生活，在活动中提升团结协作的能力，组员齐动手设计出合理的作息时间表（图3）。通过"我是小小调查员"的活动，用英语调查同组同学的出行方式。

图3　生活中的作息时间表

（六）美术学科

通过小组合作（图4）的方式，学生尝试使用不同工具，如纸等身边容易找到的各种媒材。通过看看、画画、做做等方法，学生大胆、自由地把所见所闻、所感所想的事物表现出来，体验造型活动的乐趣。

学生结合语文、音乐等学科内容进行美术创作，老师和学生共同设计、布置学生美术作业展览并美化教室。

图4　小组合作

三、活动总结阶段（10月24日至11月6日）

带着满满的收获，学生迎来了合作板块的总结汇报阶段。汇报形式有美术作品展示、英语表演、床边微话剧。床边微话剧表演受到大部分学生的喜爱，不仅体现了学生独立的思考，更有细致的分工与合作。

微话剧——《蜗牛的奖杯》

1. 角色

主持人1、主持人2、鳄鱼、猎狗、长颈鹿、猎豹、兔子、大象、河马、蜗牛。

2. 剧本

主持人1：电视机前的观众朋友们，大家好！欢迎收看今天的《森林联播》。

主持人2：今天是2016年1月22日，农历腊月十三，今天节目的主要内容有……

主持人1：北京第二实验小学圆梦舞台活动正式拉开帷幕。

主持人2：第二届森林马拉松大赛正在进行，下面请看详细报道。

主持人1：北京第二实验小学圆梦舞台活动正在进行，下面让我们连线现场记者鳄鱼先生。鳄鱼先生你好！

鳄鱼：主持人好，电视机前的观众朋友们，大家好！大家看今天的天气是多么好，我现在在北京第二实验小学圆梦舞台为您作现场报道。第二届森林马拉松运动会马上就要开始了，让我们一起走进赛场先睹为快吧！

（走到舞台中间，通过动作表现，摆手招呼摄像跟随。）

鳄鱼：好！现在我们已经来到了比赛场地，我身后的小动物们正在做最后的准备，我们先不去打扰他们，预祝他们取得好成绩！我这边的情况就是这样，主持人！

主持人1：好！谢谢鳄鱼先生！接下来让我们把目光转向第二届森林马拉松运动会。

主持人2：森林马拉松运动会作为传统的比赛项目也是备受社会各界的广泛关注，今天的节目我们也特别请到了上一届马拉动大赛的冠军猎狗先生作为我们今天的特约评论员。

（猎狗昂首挺胸，骄傲地走上台，坐到主持人旁边）

主持人2：猎狗先生，您好！

猎狗：主持人好！电视机前的观众朋友们，大家好！

主持人2：猎狗先生您好！作为上一届的冠军，您认为跑这个马拉松有什么秘诀吗？

猎狗：秘诀谈不上，我觉得主要还是靠毅力！

主持人1：那您对本届的选手是如何看待的呢？我们可以看到今年的比赛汇聚了各路精英。比如说，我们可以看到去年的亚军猎豹对冠军奖牌也志在必得啊。

猎狗：没错！听说这一年的时间，猎豹先生在不断加大训练的强度。

主持人2：好的，那我们马上把画面切换到比赛现场，让我们一同来连线现场的解说员长颈鹿。

长颈鹿：各位观众，各位观众，比赛现在已经进入白热化阶段，现在一路领先的是世界上跑得最快的猎豹，它早已把第二位远远甩在后面。

（猎豹夸张地跑。）

猎豹：看我的吧！今年的冠军奖杯我拿定了！

观众：（欢呼）加油！加油！

（现场欢声雷动，跑在最前面的猎豹得意地往后看了一眼，因为它早已胜券在握了，就当猎豹距离终点只有几米的时候，裁判突然放下了红线！）

兔子：（跑一圈）怎么回事？！怎么回事？！这到底是怎么回事？！

观众：（从鳄鱼开始一个推一个）怎么回事，怎么回事，这到底是怎么回事？

长颈鹿：观众请安静，观众请安静！大家不要急！赛场暂时出了点意外，我先看看赛场上究竟发生了什么，（嘟囔着）猎豹先生还没到终点，怎么能放红线呢？

（长颈鹿向终点走去。）

猎豹：天哪！是谁？（崩溃状）为什么？谁能告诉我这是为什么？

长颈鹿：（拿着放大镜，大吃一惊）啊？蜗牛！第一是蜗牛？！

长颈鹿：（转向裁判大声说）裁判，裁判！这是怎么回事？

大象裁判：（训斥河马裁判）蜗牛并没有报名参加这届马拉松比赛，你怎么能让它进入比赛场地呢？（推眼镜）

河马裁判：（十分委屈，冲到蜗牛面前）你没有报名参加马拉松比赛，怎么能进入比赛场地呢？（推眼镜）

蜗牛：（一脸疑惑，挠了挠头）我报名了啊！

河马：（从大象受理拿过报名册，指着上面的名单）报名册上并没有你的名字啊？

蜗牛：（惊奇地看着报名册）第二届马拉松比赛？这不是第一届吗？

猎豹：第一届？笑话！现在是第二届，而我即将是第二届马拉松大赛的冠军！你的成绩不能算！

兔子：（蹦出来，绕一圈）蜗牛真了不起！坚持就是胜利，速度虽慢，但毅力却是第一的！

长颈鹿：各位观众，各位观众，太让人难以相信了，刚才第一个冲过终点的确实是蜗牛！不怕慢，就怕站，蜗牛先生以锲而不舍的精神终于跑完了第一届马拉松比赛，让我们用最热烈的掌声祝贺他！

（大家鼓掌。）

河马：（悄声对大象裁判说）现在该怎么办，这个，蜗牛……

大象：嗯，这个我来解决！

兔子：我觉得蜗牛应该得个最佳毅力奖。还有哪个选手能比蜗牛把顽强拼搏、锲而不舍的精神诠释得这么淋漓尽致呢！

观众：（齐声）我同意，我同意！

（颁奖仪式正式开始。先给猎豹颁奖，再给蜗牛颁奖。）

（集体上前，手牵手谢幕！）

效果反馈

通过主题学习，学生对"合作"有了新的认识。学生在合作学习中通过讨论、争辩、表达、倾听及参与实践等，体会到合作的作用。小组合作学习让学生的主动性、创造性得以充分发挥。每一个学生有机会、有兴趣主动参与到学习活动中来，从而达到全面提高学习效果的目的。看到学生的巨大变化，家长充分认可此次主题研究课活动。

一、板块学习之学生层面

（一）在爱的教育中成长

二年级　瑶瑶

在"合作"板块单元的学习中，我学会了与同学相处，收获了友谊，感受到了合作的力量和快乐。

不久前，我参加了学校的圆梦舞台活动，我邀请了 7 名同学和我一起来排练一个校园剧——《我是阳光好少年》，每个同学都分到了角色。我分到两个角色，一个是老师，另一个是老奶奶。听到让我演这两个角色，心想：校园剧是我组织的，为什么不让我演主角啊？后来又一想，我个子高，比其他的女孩子身体都壮，更适合演大人吧，而且我还要演两个角色呢，我一定要演好。虽然我角色的台词不多，但是年龄跨度大。为了扮演好这两个角色，我在学校里观察老师讲课的样子，上学、放学的路上我就观察接送同学的奶奶们的样子。大家刚开始排练时遇到了许多困难，忘词、笑场、找不到位置、不能准确表达人物情感，在老师的指导下，同学们努力地学习着，一次又一次地排练着。经过老师和我们八个同学的共同努力，我们的表演获得了成功，还参加了学校的演出。

通过这次活动我体会到了团结友爱和团队合作的力量，我还学到了一个真正的少先队员应该怎样做事，同时也锻炼了我的意志和胆量，增强了我的集体观念。另外，在这个活动中我度过了八岁生日，我非常开心，在学校这个大家庭里，我接受着爱的教育，快乐地成长着！

（二）手牵手，同成长，共快乐

二年级　睿睿

走过了新奇的一年级，我开始了小学二年级的学习。半个学期很快就要过去了，我感觉自己已经是大孩子了，但在爸爸妈妈眼里我似乎还是小毛孩子，因为他们经常对我提出各种各样的建议，好像我一点儿没长大。

我们这个学期有三个主题板块的学习——"秋天""运动""合作"，我感受到了秋天的美丽，懂得了运动的快乐。对于"合作"，我想着就是和同学一起做一件事，老师特别提醒我们，希望我们在"合作"的板块教学中都有收获和心得。今年的"我秀我精彩"活动主题是"圆梦舞台"，班主任韩老师让我们积极报名，展示自己的风采。我问了一个小组，他们准备跳大绳，可是他们说人数已经够了，我感觉有点失望，后来就没有再去找其他的同学。最后，老师安排我和一个同学合作表演节目。爸爸、妈妈知道我要表演抖空竹后有点吃惊，因为我自己根本就不会抖空竹。爸爸、妈妈告诉我，既然和同学选择了合作表演抖空竹，会不会不要紧，关键是自己去努力，去和合作伙伴学习、沟通，尝试了、努力过，付出的汗水和聪明才智一定会有收获。爸爸、妈妈用最快的速度给我买了一个空竹，爸爸找资料，看教学示范，自己先学起来，然后手把手地教我，后来爸爸练得非常棒了呢！

我和合作伙伴约了好几个周末一起练习、彩排，我们一起商量用哪些空竹招式，用什么音乐伴奏，怎样上台、上台后的每个动作、如何谢幕……我和这个本来平常交流不多的同学在合作中虽然也有不同的想法、不同的意见，甚至还为一些事情争执，但随着相互了解、互相学习，我们的分歧越来越少，意见和看法慢慢地接近，他基础比我好，就以他为主表演难度大的招式，我在旁边配合，而我动作比较稳，主要就是把抖空竹的基础动作做好，不出差错。

虽然最终我们的节目没能入选，但我很开心。刚开始练习的时候觉得挺难的，我和合作伙伴是临时组合起来的，节目也不是我选的，抖空竹我完全不会，可我想一定要学会。在课间和晚上回到家里，我都抓紧练习。爸爸、妈妈告诉我，合作的关键是理解和沟通。彼此信赖、互相支持，再加上用心的努力，这样的合作才会有赢的机会；特别是后来韩老师和我聊天，让我更加明白了：如果自己不主动就会被动、被选择，就会失去机会，而且在合作的过程中，只要大家共同努力，学会沟通，目标一致，同样可以合作得很好。在和同学的合作中，我了解了对方，也更了解了自己，就如《论语》讲的"三人行，必有我师焉，择其善者而从之，其不善者而改之"。在合作中我看到别人的长处和优点，发现自己的问题和不足，不断学习，不断修正自己，我分享到了合作的快乐。以后，我会更加努力，主动学习、主动沟通，和同学们一同成长、进步。

（三）在主题板块学习中体验合作

二年级　彤彤

赵老师常说，"几块木板可以组装成一个桶，但这个桶能装多少水，取决于最短的那块木板"，这个木桶的理论从一个侧面说明了合作的重要性。

一个团队做事情，如果大家不齐心，漏了一个人，或者有的人没有准备充分，那么这件事情就很有可能做不好。我们在主题板块中不仅学到了知识，而且体会到合作的快乐。

合作可不是一件容易的事，中间某个人、某个环节出了小小差错，结果都不会太如我们的心愿。比如，我们领取了老师分配的"了解长城"学习任务，由5个小朋友共同完成。下课时，其中3位同学和我聚在一起商量，包括每个人负责搜集长城的哪些知识，以什么形式展示，达成一致意见后各自回家准备，并商量准备好材料后再聚一起简单演示。我们最初商量时，还想着有一位同学没来，但是接下来两个星期的排练中，就把她给忘了，她也一直没参加排练，没有准备相关材料。结果到了正式活动展示时，只能临时将其中的一部分内容交给她。但是由于准备得很仓促，效果很不好。这件事情就说明合作是多么重要的一件事，从这次活动我明白了，各项准备工作需要通知到每一个小朋友，不能让每一人掉队。只有大家团结在一起，才能将事情完美完成。

此外，合作还需要大家的集体商量、合理分配，充分发挥每个小组成员的特长，化解好冲突和矛盾。在秋天主题板块环节，其中有一项是向大家展示"中秋节"，我们5个小朋友就合作得比较好。在角色扮演分配时，果果先提出表演"月亮角色"，丽丽提出负责"音乐部分"，大家全都同意了，我主动提出负责"旁白"，还剩下两个角色——一个是男孩，另一个是女孩，正好月月是男同学、铃铃是女同学，这样大家就没有矛盾，合作起来很好。只是因为准备得有些晚了，没来得及脱稿表演。我相信下一次我们会准备得更加充分。

现在我们在准备表演《上天的蚂蚁》，遇到了小小的合作问题，大家改写完课文，列出了其中的角色。其中一个角色"巨人"，希望找个子高点的同学来演，我们邀请了一个小朋友，不过他拒绝了。后来另一位小朋友主动申请参演，顺利解决了这个问题。目前，我们6个人通过微信先确定好剧本，讨论道具。在家长的帮助下，我们初步完成了道具的制作和实地排练。聚在一起排练，大家可以面对面地讨论，这样每个人都知道自己需要改进的地方。虽然我们这个节目准备得最早，不过如果合作的过程不顺利，我们也不一定是表演最好的。所以，我们要加油啊！

二、板块学习之家长层面

欣欣妈妈：这些活动融入了每一个学生的亲自参与、实践、探究、合作，这个过程与传统的学习方式不同，从学生的问题和兴趣出发，很新奇、很美妙。学习不再是与学生的兴趣分离、与学生生活分离的独立行为，而是融入到生活中的真实过程。通过体验式活动，学生了解自己、了解对方，学会沟通，学会合作，知道合作给我们带来了快乐与力量。

新的课程设置、新的教学形式，让学生开阔了眼界，拓宽了知识面；语言能力得到了发展；学习兴趣也有了提高，还激发了学生的想象力。这不仅给学生带来惊喜，更给作为教师的你们带来了幸福的喜悦，你们为探索出新的教学形式而喜悦，为课堂上学生学习的热情而喜悦，为自己体验着教学的价值而喜悦，更为学生灵动而有活力的课堂而喜悦。就连我们做家长的也投入其中，享受其中，相信学生将在不断探索中思考着，努力着，实践着，收获着。感谢学校和老师的智慧！

三、板块学习之教师层面

刘老师：本学期美术教师进行了深入的思考研究。学生以个人或集体合作的方式参与各种美术活动，尝试各种工具、材料和制作过程，学习美术欣赏和评述的方法，丰富视觉、触觉和审美经验，体验美术活动的乐趣，获得对美术学习的持久兴趣；了解基本美术语言的表达方式和方法，表达自己的情感和思想，美化环境与生活。在美术学习过程中，教师激发学生的创造精神，发展学生的美术实践能力，以形成基本的美术素养，陶冶高尚的审美情操，完善人格。

张老师：首先，对待合作的伙伴要友善。每个人都渴望被别人赞美，同样，学会赞美别人也是一门艺术。因此，教育学生对成功者不要吝啬赞美之词，要使学生在相互鼓舞和激发中增强信心和力量。对暂时失败的同学不能嘲笑，要以朋友式友善、宽容的态度，帮他们走出失败的阴影。其次，对待合作伙伴要予以帮助。互相帮助、团结协作是合作学习的本质。因此，在学生合作的同时要培养同学间互相帮助的意识。

杨老师：学会对小组负责，在合作学习中，让每一个学生正确认识到个人与集体的关系，自觉对集体负责，主动参与讨论学习，克服消极等待或依赖别人的思维惰性。在小组学习的汇报结果阶段，我采用"小组长轮换负责"制。活动组长要在组织小组讨论、听取小组意见的前提下，在全班交流汇报，把小组的意见表达完整、准确；并且要注意关注每一个学生，使每一个小组的成员都有作为负责人的机会。

心得与反思

我们知道，合作探究学习是人才成长的必由之路，必须充分发挥教师的作用，努力提高学生本身的素质，这是促进合作探究学习顺利开展的基本策略。我们在合作探究学习顺利开展中引导学生充分合作，在合作中学会独立思考，使每一个学生在合作中体验和发现新知识，研究和探索新知识。要想在合作中更好地研讨与交流，首先应使学生学会独立思考，这样学生对问题的思考才会更深入，才能选择更好的表达方式。因此，在合作学习中也应给学生独立思考的时间，让每一位学生都拥有自己的一片思维天空。让学生在潜心观察、操作、独立思考的基础上，再进行合作交流，才能体现个人创造性的高质量的合作。其次，学会倾听、分析别人的见解。引导学生在合作交流中学会倾听别人的意见，抓住关键处，听懂别人的意思，并认真地听取别人的见解，调整自己的观点。同时，还要发表自己的观点，表达自己的意见。这样在合作中让学生认识到自己的意见与别人有分歧时，既要坚持自己的观点，又要吸取别人的意见，体现出学生在学习过程中的独立思考。让每一个学生真正发挥自己的主体作用，实现合作这一板块学习的目标。

母　爱

宿　慧、冷兵兵

研究时间

2014～2015 学年度第二学期

确定主题的缘由

由于学生年龄小，探究的主题一定要喜闻乐见，并易于参与，符合二年级学生的年龄特点，能动手操作并引发丰富的想象和创造，多学科融合介入，对各学科学习内容进行整合。小学阶段是人生的起始阶段，是打基础的阶段。北京第二实验小学本着"以终为始"的思维方式，从未来社会发展对个体的要求，来重新思考和定位"小学阶段教育的使命"，于是，提出育人的三种素养——基础性素养、综合性素养和选择性素养。这三种素养将为个体面对未来社会的挑战打下坚实的基础。二年级下学期，学生一天比一天大，对学校的生活熟悉了，也能顺利完成学习任务了。俗话说，七岁八岁讨人厌，学生正处在这个时期，不听话甚至出现叛逆。学生成长的每一个脚印，都伴随着父母无数的爱与关怀，鉴于语文教材中，有一个单元讲妈妈的诗歌，我们结合庆祝三八妇女节的活动，确定"母爱"这一主题，培养学生理解爱、尊重爱、传递爱。

研究目标

1）多学科的融合使学生认识的事物更加立体，培养学生更加多元、多角度、多面向的思维方式，让学生理解爱、体验爱、表达爱。

2）在各种活动的体验、参与中，提高学生运用知识的综合能力。

3）体会家人的爱，学会赞美家人，学会体贴父母，学会感恩，主动为家人做事。

 **实施过程**

一、重新调整、制订计划

开学初，老师根据教材的内容，结合低年级学生特点，年级语文老师对北师大版的语文教材进行了大胆重组和调整，打破了传统的按照单元顺序教授的模式，而是按照内容划分了四个主题板块——母爱、春天、健康、水。设置了"精讲课""略讲课""拓展阅读课"等课型，选择了学生喜欢的文章作为精读课文，涉及诗歌、记叙文、神话故事等体裁，补充了与主题相契合的7～8篇的补充阅读篇目，有散文、古诗、故事、国学名句等。这些内容的补充，增加了学生的阅读量，满足了学生的学习需求。各学科共同备课，结合主题板块"母爱"重新调整教材，制订出具有层次性、实践性、体验性的可操作性计划。

（一）第一周：3月2日～3月5日

1）语文课：了解本单元主题，设计思维导图（图1）。

图 1 母爱思维导图

2）写一写"我眼中的母爱"和"我还想了解……"

3）品生课：讲有关母爱的故事。

4）英语课：阅读小故事——*Show Some Love*。

（二）第二周：3月7日～3月11日

1）语文：仿写《妈妈的爱》。

2）数学课：讲解如何完成任务单。

3）美术课：借妇女节契机，为妈妈制作贺卡，写上对妈妈的祝福，表达对妈妈的爱。

学生填写任务单后，反馈：当你看到自己统计的这份表格，你发现了什么？感受到什么？

（三）第三周：3月14日～3月18日

1. 通过"护蛋实验"展开

学生在家中选择一个傍晚直至睡觉时段，做"鸡妈妈"来保护一个生鸡蛋，这个蛋时时不离身边，不可破损。通过小心翼翼的呵护，学生体会母亲对孩子的挂心、担心、无微不至，感悟母爱。

2. 数学课

讲解如何完成任务单。

3. 小采访

在家中访问妈妈——"我还在您肚子时，请问您最大的感受是什么？""我在您肚子时，您印象最深刻的事情是什么？"……

学生在"爱的天平"任务单2统计表背面做好采访记录。

"爱的天平"任务单2

班级：_____   姓名：_____

上一周，我们统计了一位长辈每天为我们所付出的时间。这一周我们来算一算自己为长辈付出了多少（每栏内请写出你做了什么事情，用了多少时间）。

3月14日	3月15日	3月16日	3月17日	3月18日	3月19日	3月20日	总计

当我们把这两周记录的表格合在一起看时，你发现了什么？有什么感受？赶快记录下来吧！

_____

_____

_____

_____

_____

_____

4. 音乐、舞蹈

《跪羊图》、编动作。

（四）第四周：3 月 21 日～3 月 25 日

1）通过两周的统计体验和实践，交流并制订计划——"我为妈妈做点实事儿"。

2）学生和妈妈在本周沟通、交流，开展"我听妈妈讲姥姥的故事"活动，聆听妈妈的心声。

3）鼓励学生自主踊跃搜集有关母爱的现代和古代诗歌、故事，班级内分小组进行交流。

（五）第五周：3 月 28 日～4 月 1 日

1. "我来画绘本"

2. 音乐、舞蹈:《感恩的心》编排动作

（六）第六周：4 月 4 日～4 月 8 日

在体会了母爱之后，学生用实际行动来回报母爱，并记录下自己的行动。

1. 活动一："我为妈妈……"

例如，我为妈妈提包、唱歌、盛饭、洗脚、讲故事……

2. 活动二："我拉妈妈一起……"

例如，我拉妈妈一起锻炼、微笑、唱歌、跳舞……

3. 活动三："我和妈妈……"

例如，我和妈妈读报、聊天……

（七）第七周：4 月 11 日～4 月 15 日

平行选修课。

"母爱"单元这一主题，一方面是来自现有的课文资料，另一方面是结合本学期的教育主题设计出来的。"母爱"这个主题与其他的事物不同，看不见摸不着，在生活中如果不特别注意它，我们甚至都没有注意到它的存在，妈妈的爱似乎是理所当然的，但是仔细琢磨，它的无私和伟大是孩子可以体会到的。我们周围都有母爱的影子，有时候细微到我们都觉察不到，但是在最关键的时刻妈妈一定是那个可以为我们付出生命的人，就像学生在探究过程中和最后汇报时所表现出来的那样。

二、学科融合，突出主题

主题确定后，开始我们与学科之间的联系与融合。语文学科通过阅读绘本、诗歌、故事，让学生在阅读中体会母爱的本质，并在仿写、写绘本和表演等创作中表达对母爱的理解与感恩。有学生写道："假期的夏令营，/每隔一天，/妈妈就去看我。/我知道，妈妈的爱，/是心底的挂念。"学生还选择把这些美丽的自创小诗歌，在美术课上自制成妇女节贺卡，亲手送给妈妈，这令许多妈妈热泪盈眶。

母爱的伟大，在于其倾其一生的呵护、无时无刻的陪伴。妈妈每天为了照顾孩子，到底需要花费多长时间呢？数学老师把时间、统计、有余数的除法的知识融入到任务单上，让孩子统计家人一周接送其上下学、陪伴其读书或是为其做早餐等付出的时间。一周很快过去了，当孩子拿到数据统计时都惊讶不已，家人竟然在自己身上花费了那么多时间（图2）！有了这份体验、这份震撼，孩子们情不自禁地拿起了笔，写下了自己的感受："我统计了妈妈接送我上、下学的时间，路上特别堵车，今天总共用了150分钟，两个半小时呀，妈妈一直开车，真辛苦。到学校了，我推开车门，回过头对妈妈说：'妈妈，谢谢！再见！'我挥挥手走进学校。妈妈每天都送我，我从来没和她说过什么，虽然只有短短的几个字，但我知道了感恩。我每天都会和妈妈说一声谢谢！"（图3）这样实现了数学学科与语文学科的整合。

图2　学生任务单

图3　家长反馈

英语学科结合拓展阅读与动手实践，选取了两个关于制作食物的小故事——*We Make Cookies* 和 *Making Salad*，故事内容简单有趣，学生爱学、乐学。学完两则小故事的学生，周末迫不及待地和爸爸妈妈一块做饼干，拌沙拉（图4），享受幸福时光的同时，也送给妈妈一份亲手制作的爱心餐点。

　　我们将语文学科与美术学科进行融合。美术学科中绘画是学生表达感情的一种途径，也是一种语言的延伸。教师带领学生画图画，再和语文学科一起，配以简练、有趣的文字，一本精致的母爱绘本便诞生了！学生的图画惟妙惟肖，文字更是妙趣横生。"妈妈是 GPS，/无论走到哪里，/妈妈都不迷路。"还有一位学生在绘本中用太阳代表妈妈，用小草表示自己，太阳在上，小草在下，给太阳戴上一条与妈妈一模一样的围巾、别上一个与妈妈一模一样的蝴蝶结。然后她写道："妈妈的微笑像太阳，/温柔的光，/照着我这棵青青小草。"还有学生将妈妈画成大狮子，狮子的鬃毛像火焰一样四射，画面的颜色充满了灰蓝色和褐色。他写道"妈妈发起脾气像河东狮吼"，但在绘本的最后一页，他仍然温情地写出："妈妈很爱我，我也很爱妈妈。"一张张鲜艳的图画、一句句稚嫩的文字（图 5），都饱含着学生对妈妈那份浓浓的依恋。

图 4　周末，学生为家人做沙拉

图 5　学生自画绘本

　　画完、写完、算完、说完之后，很多学生还情不自禁地唱起关于"母爱"的歌曲。音乐学科老师特别为学生选择《跪羊图》《感恩的心》等歌曲，甚至带着学生一起为学生自己创作的诗歌、绘本谱曲演唱，抒发内心的情感。

　　体育学科则发扬学校"121"家校互动体育工程，即由 1 位学生带动 2 位家长共建 1 项家庭体育项目，在小手拉大手中，传递自己对父母的爱，并让"运动成为自觉的家庭生活习惯"，享受健康快乐的家庭生活。学生能够从多角度理解、认识一个主题，在教学中融合不同学科的内容和策略，达到教学目标（图 6）。

　　课程融合促进了学科之间的沟通与互补，多学科的融合培养使学生认识的事物更加立体，从而培养学生更加多元、多角度、多面向的思维方式，让学生理解爱、体验爱、表达爱。

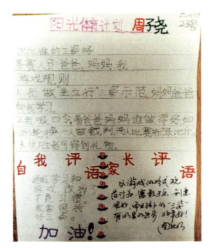

图 6   学生制订的体育亲子计划

三、活动体验，突出实践

活动是育人的载体，不仅可以加强学生的主体意识、促进个性发展，还有利于团队的形成与合作。

各班结合"母爱"主题开展了各具特色的活动，有母爱的诗歌朗诵和经典国学的诵读，有绘本的编写与赏析，有"小手拉大手"的体育家庭评比……各种活动，不仅丰富了学生的体验，同时还提高了学生运用知识的综合能力。

体育学科老师结合"母爱"主题，为学生设置了几个小游戏，在家里和家长进行正确"坐、立、行"姿势的比拼与纠正，使学生在爱自己的同时更爱自己的家人。一位学生在家里和父母进行"三姿"比赛，"比比谁的'三姿'好"，家长在反馈中写道："以游戏的方式寓教于乐，孩子和我们的站、立、行有了很大的进步。"

这些主题课使学习与生活紧密联系起来，真正让学生体验到学习源于生活，而又服务于生活。

四、促一长，增多能，重选择

在主题教学中，课程的选择性体现在最后结课的展示环节，每一位学生可以根据自己的所得、兴趣和擅长的内容，去选择最佳的总结方式、展示方式，来分享自己的感受、回顾自己的成长。

在融合基础上的"补充"应体现开放的原则，即鼓励教师、学生可以因材、因需进行内容选择。于是，在整个校园生活的方方面面、分分秒秒，只要踏进这个校园，所有的人都在谈论同一个话题，都在研究同一个话题，都在分享同一个话题。

在"母爱"主题教学的最后，出现了绘声绘色（诗歌+童谣+美术）、有声有色（诵读+舞蹈+美术）、数字背后的爱（数学+语文+美术）、小手拉大手（体育+综合实践）、文字中的情（语文+歌曲+综合）、我是大厨师（英语+综合实践）、歌曲联唱（音乐+美术）、我编我演（语文+戏剧+创作）八类选修展示活动。生活就这样被真实、有力、完整地还给了学生。学生根据每个人的兴趣自由选择，促一长，增多能。

在这次学科选修课上，美术老师和语文老师携手讲了一节"绘声绘色"提升绘本质量的选修课（图7）。课上，几个学生介绍了自己的绘本（图8），美术老

图 7　语文、美术老师共同上课平行选修课"绘声绘色"

(a)　　　　　　　　　　(b)

(c)　　　　　　　　　　(d)

图 8　学生的绘本

师在美术方面给予点评，语文老师给学生的文字加以提升，老师发挥着各自的优势辅助学生理解绘本中画与字的精髓，让学生进一步修改、提升。

学生自己设计、构思、美编、配以文字，可以说这是学生自己创编的教科书，它不但具有知识的综合性更有情感的互动性，它源于学生内心深处的表达，让老师更理解学生，也让家人之间的爱与理解更通达。

五、校园文化，爱的延伸

"以爱育爱"是北京第二实验小学的教育目标，是每一位学生心中永恒不变的主旋律。母爱这个主题，不仅让学生体会、理解这份"爱"，除了体现在与家人之间的亲情，与同学之间的友情中，还表现在爱校园、爱环境中，还可以升华为对民族的热爱，对祖国的热爱。我们把语文课本的前后顺序进行调整，将12单元"英雄"和14单元"立志"与母爱主题合并。通过学习课文，学生了解了抗日小英雄王二小的英勇无畏，感受了周恩来总理"为中华之崛起而读书"的豪情壮志。我们还鼓励学生，课下自主搜集资料，召开了主题为"英雄赞"的班会，学生在分享一个个英雄故事的过程中，对"爱"有了更为深刻的理解，化"小爱"为"大爱"，对"母爱"主题的学习进行了拓展延伸。

在主题活动中，很多学生在生活中有了或多或少的变化：有的学生自理能力有了很大的提升，自己主动整理衣物、自主收拾屋子、自主做练习等；有的学生体会到了家人的爱，学会赞美家人，更加孝顺长辈；还有的学生学会体贴父母，学会了感恩，主动为家人倒水、捶背……

在我们的校园中有一棵百年枣树，陪伴学生将近两年，他们都称它为"枣树爷爷"。学生知道枣树生病了，便上网查阅资料，请教爸爸、妈妈，共同研究枣树为什么生病，怎样给枣树医治，一个个治病方案接踵而来，学生关心、爱护身边的枣树，关注着生命的成长。校园内学生每天浇灌他们亲手种下的冬小麦；玉兰树下有学生自制的小提示牌；操场上有值日生辛勤的工作……

爱贯穿着教育的全过程，让学生"理解爱、体验爱和付出爱"始终是学校以爱育爱教育的终极目标。

🍀 效果反馈

学生层面：学生通过这次"母爱"的主题研究课，体会到了家人的爱，学会了赞美家人，更加孝顺长辈，学会了体贴父母，学会了感恩，主动为家人倒水、捶背，周末为家人做饭……特别是这次数学走班，学生觉得很有新鲜感，不带感情色彩和原有印象，给那些原来在班里容易忽视的学生一次更好树立自己形象的机会。学生接触不同的老师，从不同老师那里得到不同的鼓励，走班回来后也和原来的老师关系更好、更融洽。

教师层面：从主题的选定、目标的制订、活动设计和主题研究课的实施，教师在各个方面的能力都得到了提高，每位教师的研究水平和教学水平得到提高。教师体验了研究的全过程，积累了更多的经验，加强了学习交流。

家长层面：认可主题研究活动，认为对学生的数学思维和解决问题能力有很大帮助。学生对父母更有礼貌，是因为调查表的事情触动了他们。父母感谢老师用这种方式教学生学会感恩！通过这次活动，学生好像忽然变得懂事了，知道珍惜和妈妈在一起的时间了……

三月份是一个非常特别的时间段，在这一个月中我们最大的感受是学生真的长大了！这个月的主题是"母爱"，各个学科老师结合这一主题对学生进行了全方位的教育。学生更是给了家长许多惊喜，从三八妇女节贺卡，到母爱的随笔，最后到母爱的绘本，这些都是非常珍贵的礼物，学生在平时的行为中更关心家人，在学知识的同时也学会了做人。

 心得与反思

一、改变备课方式，重学科融合

在主题教学中，课程的综合性得以彰显。因为所有的学习紧紧围绕"主题"进行，各科重新架构了原有的教学内容，进行删减、整合和必要的补充；各科重新调整教学进度，不但配合着主题的整体推进，还需和着相融学科的步伐。于是，所有的学科有着共同的话题、共同的方向和共振的节奏，以统整合力的方式，有序、有力地为学生开创出一份完整、真实的学习生活。

我们打破课程之间、学科之间、教材之间的界限进行整合，这又不是几门学科、几节课的简单相加，而是在更大范围和更广阔背景下的有机融合。

课程改革不是简单的融合，不是简单的"1+1=2"，这是一种裂变的行为，只有"1+1>2"，才有改革的现实意义和价值。因此，在实施过程中，我们根据课程内容进行学科之间的融合。这些融合不再是学科单独的备课，而是多学科融合，老师们在一起备课。

二、改变教学方式，重体验

在这样的主题板块式学习中，学生在多维度的体验中收获颇多。例如，结合主题开展朗诵和经典国学诵读，结合社会大课堂外出活动辨认方向、展示春天的绘画和传唱、编写与赏析绘本、体育的自主选项和班级竞赛……这些活动不仅丰富了学生的体验，同时还提高了学生运用知识的综合能力。

活动是育人的载体，不仅可以加强学生的主体意识、促进学生的个性发展，还有利于团队的形成与合作。以往学校开展了很多传统的教育活动，如三八妇女节、清明节的亲情教育，五一节的劳动教育，还有体育节、艺术节的艺术教育等。我们在开展课程改革时要充分挖掘其中的育人功能，结合学生的年龄特点、认知水平，开展更适合二年级学生的活动。

在学校戏剧进校园的活动中，人人参与排演了戏剧，每个学生都是演员。这不仅为学生提供了展示自我、圆梦舞台的平台，同时也为学生在角色体验中获得学习、感悟人生提供了机会。在戏剧的表演过程中，不是为表演而演，而是为了真正的学习和体验，让学生从课堂、校园、舞台、社会中，深深领悟，慢慢成长，在一次次的历练中，努力将学生培养成"大气、博爱、智慧、致行"的接班人！

基于课程整合的"主题式教学"，不是简单的"1+1=2"，而是尝试着在学科之间的沟通与互补中实现裂变，创造出一个新的大1。这个大的1中提升了学生的思维品质，使学生对事物的认识更加多元立体、多角度、多面向，而且能有效地统整为一个有机整体。同时，这个大的1提升了学生的德行品质，学生通过理性的认知活动去理解爱，通过切身的参与实践去体验爱，再通过我手、我心乃至我的歌声和我的肢体等各种创意活动去表达爱。事实证明，这样的学习效果深刻而持久。现在的这份爱已经从妈妈身上，延伸到了校园染病的枣树、生活的自理、同伴之间的赞美，还有为中华之崛起而读书的家国情怀。全人发展的基础，就这样点点滴滴地渗透在了学生忘我的投入、深切的感受与别致的创意中。

课内留下的是省略号，学生可以继续研究自己喜欢的课题，也可以参与到其他内容中，还可以进行个性化研究。

秋　天

何昕礴、段川燕

 **研究时间**

2015～2016 学年度第一学期

 确定主题的缘由

主题板块学习可以通过大量具有科研味道的体验，努力使学生形成立体、多元、系统的思维方式。由于学生初次接触这门新型的课程，因此，确定的主题和实施的内容要能充分激发学生浓厚的学习兴趣和好奇心。

新学期开学的头两个月正是金秋时节，结合语文教材伊始的"秋天"单元，为了进一步培养学生的观察力、想象力、表达力，指导学生开展探究式的学习活动，全年级各学科一致确定"秋天"这一主题板块作为本学期课程改革的引领单元。

为实现"审美教育""技能教育""知识教育"几方面的教育教学目标，各科教师全员参与、集体备课。在这一目标的导向下，教师努力将视、听、寻、查、读、讲、思、写、画、议、做等有机地组合成一个既能传授知识、提高超学科综合能力，又能获取审美感受，激发学生热爱大自然、探索大自然的动态教育教学系统。学生有了兴趣，就会乐此不疲、好之不倦，以此进一步提升"爱"的能力。

 **研究目标**

1）通过每周的探究活动长课，激发学生热爱大自然、探索大自然奥秘的兴趣。

2）通过每个学生探究文件夹的设立、整理、归纳、分享，提升学生搜集、处理信息的能力。

3）丰富班级文化内涵，通过布置秋天里的教室，培养学生的动手操作能力，以及小组同伴协作的能力。

**实施过程**

一、活动启动阶段（第一周9月8日～9月11日）

（一）语文学科

破冰：讲清主题单元学习的意义和简单的探究方法策略。

活动前：学生从以下两个方面思考。

1）对于"秋天"（图1～图4）这一主题，你已经知道的内容有哪些？

2）你还想提出什么问题，了解哪些相关的内容？

教师总结学生活动前提出的问题，进行大致分类，并引入各学科的融合。

例如，有哪些描绘秋天的成语及其他好词好句？表现秋天的诗歌有哪些？浓浓秋色带给我们哪些思考？……

图1　学生的文件夹

图2　秋天的思维导图

图3　已知的秋天和要探究的秋天

图4　探究秋天的气候变化

（二）英语学科

1）遵循体验式学习的理论依据，在主题板块教学的构建过程中，以学生的亲身体验、参与为基点，充分考虑学生的年龄特点和需求，选择适当的方法和切入点，让学生通过体验来学习语言知识和语言技能，并通过习得语言来巩固、深化语言知识技能，在生活实践中发展、创新语言学习，让英语教学真正与学生的日常生活紧密联系在一起，优化课堂结构，激发学生对英语学习的兴趣，体验获得知识的乐趣。我们将本学期教学内容进行整合与规划，将季节（Season），我喜欢……（I like...）、信（Letters）、节日——万圣节、感恩节（Festival-Halloween、Thanksgiving Day）几方面内容整合在一起。

2）结合秋天的主题，引导学生观察大自然，找秋天，引导学生从颜色（colour）、水果（fruit）、衣服（clothes）、食物（food）、节日（festival）几方面来感知、认识秋天。

二、活动实施阶段（第二周9月14日至第七周10月23日）

（一）第二周（9月14日～9月18日）重点培养学生的观察兴趣和观察能力

1）首先利用长课时间开展小组合作，每位学生把活动前（图5）已知的秋天内容分享给小伙伴，其间，有的学生提出的质疑问题得到了解决。小组分享时更换三次不同的组，充分交流。

2）各组提炼出未解决的问题拿到全班分享。

3）最终确定出几个重点探究内容。例如，秋天是如何逐渐变冷的？秋天都有哪些果实成熟？秋天带给我们什么？

图5　学生活动前分享——秋天的果实

4）在活动前都有资料夹，随时充实内容，将探究过程中的点滴感受和收获都放入资料夹，如教师节、开学十天、查字典活动、国学、自己的生日、校庆、金秋中的黄色校服……学生创造出的作品较为丰富。

5）小结：本周的收获是学生知道了通过怎样细心、耐心的观察才能得到多方面、多角度的收益。学生在反思中悟出秋天的美就在自己眼中。

（二）第三周（9月21日～9月25日）阶段性的交流和展示

1）在上周反思的基础上进一步深入观察，发现自己和别人尚未观察到的"秋天"（图6～图8）。

图6　学生在发现中进行诗歌创作

图7　学生发现了树叶的变化

图8　学生发现了秋天的节日

2）利用周五长课，先小组后全班交流、展示文件夹，为下周的学习活动做好铺垫。

（三）第四周和第五周（9月28日～10月9日包含国庆假期）紧密联系生活实际，带领学生走进大自然

这段时间，有四天上课，其余时间为国庆假期，所以学生有时间和机会走出家门、走出校门、走进大自然、全身心融入秋天的怀抱。学生在大自然中收获很多，大自然用无声的言语给人以熏陶和教育。在高山流水、绿树红花的自然世界中，学生所产生的美感及对美的接近是最直接、最生动的。在人与自然的调和相处中，更容易使学生萌生对秋日的赞美之情，并根植于心中。

1）每位学生计划自己走进大自然寻找目标，并设想能发现什么。

2）结束后的课堂成为"秋日百宝箱"，学生继续进行交流活动。

（四）第六周（10月12日～10月16日）校内外的活动体验

1）结合语文课堂进行写作教学（图9）。

图9　学生习作——秋天的故事

2）结合学校节日"秋收节""建队日"进行活动探究（图10）。

图10　第一次行队礼

（五）第七周（10月19日～10月23日）特色活动体验

图11和图12为学生在秋季运动会上展示风采。

图11　跑道上你追我赶　　　　　图12　武术操中领略国学文化

（六）各学科交错实施

1. 英语学科

老师带学生一起阅读了绘本故事《It is Fall》和《Fall》，拓展了学生关于秋天的知识。在感知秋天的基础上，老师带领学生了解、认知其他三个季节——夏天（summer）、冬天（winter）、春天（spring）。学生通过自己对四季的认识与了解，以及自己的生活体验来表达对季节的喜好，进行不同季节的服装设计与分类。此外，有的学生制作了英语小报，有的学生改编并表演了英语短剧。

2. 数学学科

在主题板块教学过程中，老师力求体现学生发展的阶段性、知识的层次性，让学生经历尝试、想象、假设、操作、研究和分析等一系列活动，最终找到解决问题的途径。在学生探索的过程中，老师要舍得花时间，让学生有足够的时间去探索和思考，体验数学知识的产生和形成过程。

在秋天这一主题下学习本册教材中"图形的认识"和"测量"这两个内容。

第一阶段："图形的认识"

通过动手折一折、剪一剪、拼一拼等实际动手操作活动，学生感受到轴对称图形的奥秘。利用轴对称的特点，学生剪出秋天的树叶、可爱的小鸭、风车等多种美丽的图案。学生还采集秋天的落叶，利用对称美，贴出生动、漂亮的图案。

第二阶段："测量"

为了给学生充分的时间与空间去测量、去积累测量的经验与感受，我们制作了一个任务单，以小组为单位，带着任务去操场测量。测量落叶的长度，寻找校园内符合该长度标准的物品，并量一量自己喜欢的其他物品，然后交流结果。接着再抛给学生一个更具挑战性的问题——测量操场的长度（图13和图14）。伴着秋风，拿着小尺子，在美丽的校园中活动着，大量的测量活动使学生积累着测量的经验，学生感受着长度的概念。

图13　学生在操场测量

图14　学生认真记录

我们还鼓励对温度感兴趣的学生记录秋天气温的变化，感受秋天的特点。有的学生记录并制作气温变化的折形图；有的学生制作出了统计表；还有的学生尝试着计算了平均温度。

3. 美术学科

利用各种材料的特点，引导学生发挥自己的想象力，创作出艺术作品，并抒发自己的感受。

学生结合主题"秋天"进行创作，学习原色、间色等色彩基础知识，体验色彩的表现力，并有目的地加以运用；采用多种不同材料完成作品的创作（图15～图17）。

图 15　学生剪贴画作品

图 16　学生剪纸作品

图 17　学生叶贴画作品

4. 音乐学科

首先让学生了解到秋天花草树木的变化，然后带领学生学习一首关于秋天的歌曲，比如《秋日私语》；通过 PPT 将秋日风景和音乐结合，更好地带领学生感受美丽的秋天，在欣赏过程中提出"关于秋天的风景你还想到曾经学习过的哪首歌"等问题，让学生边听边思考。

综合秋天这一块，以培养学生良好的歌唱习惯为目的进行音乐教学，不仅培养学生在歌唱中的咬字、吐字及演唱时的呼吸等，还带领学生根据秋天板块欣赏有关歌曲，培养学生感受歌曲意境的能力并在歌曲中启发学生多注意聆听、勤于思考、用心体会。

5. 体育学科

结合国学周传统文化的学习，规范武术操的质量，弘扬武术精神。

三、成果汇报阶段（第八周 10 月 26 日～10 月 30 日）

（一）为最后展示"秋天"这个板块学习成果做好准备

首先，我们根据六周以来学生对"秋天"这个单元主题学习的收获，分出了"丰收""节日""动物""植物""天气"五部分内容。每个学生根据自己的兴趣和特长，自由选择某一内容，自由组合成 3～6 人的小组，自由请教某一学科或者某几个学科的老师做具体指导，为下周的分班教学、汇报展示做充分的准备。

汇报展示的内容紧紧围绕"秋天"这一大主题下的五个方面（"丰收""节日""动物""植物""天气"）任选其一，形式自定，展示时间在 5 分钟以内，组内成员团结合作，老师提供指导和帮助。

（二）汇报展示

汇报时，全年级学生按照"丰收""节日""动物""植物""天气"五个不同的内容分散到五间教室进行展示（图 18 和图 19）。

图 18　角色扮演——秋天的动物

图 19　学生通过小组合作介绍秋天的植物

汇报展示内容列举如下：

1）"丰收"：秋季的稻田、采摘的水果……

2）"节日"：教师节、中秋节、国庆节、秋收节、重阳节……

3）"动物"：候鸟、为冬眠觅食的动物……

4）"植物"：秋菊等花朵、落叶……

5）"天气"：秋风、秋雨、气温、云……

汇报展示形式列举如下：

1）为自己创作的秋季里的小诗配上图画……

2）一边唱《爷爷为我打月饼》一边跳舞……

3）讲述自己制作叶贴画的创意……

4）用自己图文并茂的作品介绍"霜降"……

5）小组合作表演中秋赏月、入队仪式的精彩瞬间……

（三）本单元的评估

根据所有老师和学生的评选，为学生颁发"奇思妙想奖""翩翩起舞奖""栩栩如生奖""妙笔生花奖""歌声悠扬奖""才思敏捷奖""身姿矫健奖""齐心协力奖"。优秀的小组陆续在小叮当电视台展演。

 效果反馈

在本单元结题之时，"秋天嘉年华"汇报交流活动成为学生两个月来探究学习成果的展示平台，让我们看到了探究学习产生了令人欣喜的教育教学效果。看着学生身着秋天的盛装，排着整齐的队伍来到了不同的活动地点，不由得让我们这些为师者心潮澎湃，学生有的拿着叶贴画、展示资料，有的戴着头饰，有的准备了电子资料，每一个都洋溢着满满的自信和对活动的期待。

从本次活动的全过程来看，秋天这一主题的汇报，内容广泛，主题设计应时且别出心裁。在活动过程中，小组成员从选定主题到内容拓展，再到精彩汇报，突出了教师的引导功能，学生真正做到了自主、自治。学生的小组合作、个性呈现在此过程中尽显无疑。尤其是小组合作，前期有展示设计，活动过程中有行为配合。例如，一位学生主说时，其他学生或帮助调整仪器，或悄声提示，或和正在展示的学生一起朗读背诵，有需要时甚至会迅速"补台"！

一、老师层面的收获和感受

面对今天的活动，老师感触颇多。一是学生的合作意识在增强，较一年级更有团队意识，能够在合作中互助互补。二是学生的个性特点在这样的活动中得到了彰显，不管喜欢舞蹈、音乐、美术还是手工、语文、英语……都可以在这样的舞台上得到发挥和施展。学生非常喜欢这样综合性学科融合的学习活动。三是在活动中无形的教育功能，例如，"美的修养"：静心观看展示活动，观后有掌声，观看过程中不打断等，体现出对他人和自己的尊重。例如，"自治"：老师在担当摄影师的过程中，学生实行了自治，出现任何状况时都能够互相提醒，保持会场的秩序，如养成好习惯，排队有序，楼道里静悄悄等。四是新增了设计的理念。五是锻炼了学生的语言表达能力及在陌生环境里的适应能力。学生相互交流，取长补短，锻炼了表现力，活跃了气氛，增强了学习欲望。学生通过本次活动开始有了"设计"的意识，认识到只有进行合理的设计，才能达到目的，获得较好的效果。例如，有的小组设计了问题环节，这一环节激发了大家积极参与的兴趣。学生在沟通交流的过程中，再次了解了"秋天"这一主题的知识。每个学生充实了自己的学习积累资料夹。这是一次成长，更是一次自我提高的过程。

二、家长层面的收获和感悟

（一）家长感悟一（小芸家长）

进入二年级，北京第二实验小学开启了新的学习模式——板块学习，刚开始我们都还不太清楚板块教学是怎么回事，与过去的学习有何不同？但是随着学期的行进，老师带领孩子渐入佳境，我发现孩子不再像以前那样只是老师讲什么学什么，而是开始自己探究知识，主动地去寻找和获取知识，更深入、广泛地参与学习，更喜欢动脑筋，由被动学习变为主动学习，学习的内容也不再拘泥于课本，而向更深、更广阔的领域拓展。

记得"秋天"板块开始的时候，孩子还只是停留在落叶呀、丰收呀、果实呀……但是随着对板块学习的适应和了解，我发现孩子开始自己动脑筋了，小芸开始观察，除了我们耳熟能详的这些与秋天有关的东西，还有什么是与秋天相关联的呢？小芸会饶有兴趣地去阅读更多书籍，查找更多的资料，更加积极主动地去思考，当时正在下雨，小芸突然想到了"一场秋雨一场寒"，接着又想到"昼长夜短"……

记得美国教育学家杰罗姆·布鲁纳曾经说过，"教"只是一种暂时状态，其目的是促进学生自力更生。必须指导学生学会如何学习，逐渐具备独立思考、探究发现和自我矫正的能力。感谢学校的老师让孩子在他们学习生涯伊始就能够明白知识是通过主动选择和发现得来的，发现学习是他们获取知识的有效途径。

（二）家长感悟二（小萌家长）

学习可以很快乐
——板块式学习有感

这段时间每天晚饭后，女儿都会迫不及待走进书房。半小时过去了、一小时过去了、一个半小时过去了，出于关心，我会走进书房提醒她休息。

桌子上摆了很多张纸，有图画，有文字，有照片，有树叶……我好奇地问："这是什么？"女儿抬起头，得意的笑容洋溢在脸上。"妈妈，这些都是我做的关于秋天的作业啊！"说着放下手中的笔，情不自禁地向我讲述。"这是我通过上网了解的一年四季的成因；这是我找出的过去拍摄的秋天的照片；这是我通过中医晓强叔叔告诉我的养生知识，总结出来的最适合秋季吃的食物；这是我用秋天的落叶制作的叶贴画；这是我仿写的秋天的诗歌；这是我总结的秋天的优点和缺点；这是我用水彩笔画出的秋天……"她滔滔不绝地向我讲述关于"秋天"的感受和发现，眼睛里闪着光亮与兴奋。

望着她充满活力的样子，我激动极了。看！孩子从学习中体验到了莫大的快乐，从学习中收获了喜悦与富足！我从心底深深地感谢北京第二实验小学，感谢女儿的班主任何昕礴老师，带给孩子们这么美好的学习体验。这样的情形、这样的场景是多少家长期盼和奢望的啊！

曾几何时，一群朝气蓬勃的孩童经过几年的学习后，变成了一群"木头人"。是什么原因让他们失去了活力与激情？是他们体验到的"不快乐"的学习。痛苦的学习伴随着他们的成长，压抑了他们对学习的渴望，压抑了他们对未知的探索和发现的渴望。

我不是研究教育的学者，也不是参与教育改革的专家，我只是一名学生家长。但我呼吁能激发孩子学习兴趣的课程都该大力推广，让更多的孩子体验学习的快乐与美好！让更多的孩子受益！

（三）家长感悟三（小轩妈妈）

开学初，段老师提出了"主题板块教学"的新概念，经过实践发现，孩子的

127

思想在主题学习过程得到充分舒展——思维活跃、想法独特，而主题学习不仅仅涉及语文这一学科，它还涉及美术、体育、科学、数学等学科，一个主题就为孩子打开了一个五彩缤纷的世界。

"秋天"主题学习过程中，我和孩子每天都会在小区里转悠，晴天、雨天都要出去走走看看，秋日的晴天天高云淡、阴天薄雾缭绕、雨天清冷落寞，每天都有新发现和新体会。走的过程中，孩子在不停地和我分享她看到的"秋天"，有成群结队的飞鸟，有枝头成熟的果实，还有雨中脚步匆匆缩着脖子的行人。从书中学到的新词也适时地从她的嘴里"蹦"出来，这些语言背后承载的是细腻而鲜明的思想，是孩子自己眼睛看到的真实而美好的世界，这是一种无法比拟的思考乐趣和认识享受。这让我想到，之前我总是被动地给孩子输入词汇和诗句，让她接受我的想法，但她始终难以理解。经过"秋天"主题学习，我才认识到，应该让孩子学会欣赏世界，多思考多发现，要将装进脑袋中的词汇开枝散叶，充分地"活"下去。

三、学生层面的收获和感悟

（一）学生感悟一（小芸同学）

板块学习是一种新的学习方法，我觉得它是丰富多彩的，可以从多方面获取知识，我们有更多思考的时间，可以自由发挥想象力。我特别喜欢何老师为我们准备的那个漂亮的文件夹，那是让我们展示自己学习成果的地方，我总是绞尽脑汁想怎么样才能让里面展示的内容更与众不同？怎么样才能让里面的内容更丰富？记得第一板块"秋天"开始的时候，我每周都会认真查找与秋天有关的资料，读书时也更多地去想问题，在"秋天"板块的学习中，我不但展示了自己的学习成果，还跟同学们交流了他们的学习成果，这使我收获了更多的知识，我开始学会不断地想问题，然后再一个个地去寻找答案，我喜欢这样的学习方式，可以让我思维更开阔，更积极、主动地去学习。

（二）学生感悟二（小萌同学）

我很喜欢这样的板块式学习，因为这样的学习不枯燥，让我感兴趣。板块式学习是变化无穷的，它让语文、数学、英语、音乐、美术、手工、自然等多种学科交织在一起，内容形式可以任意发挥，我的很多想法可以尽情展现。每次做这样的作业我都很期待，做的过程也很开心，而且做完之后有一种满足感。

 心得与反思

李烈校长说："学习就是活动。"这么多年来，我们一直铭记着这句话，并努力实践着。板块单元探究学习中的这些活动融入了每一个学生亲自参与、实践、探究、合作的过程，这个过程与传统的学习方式不同，从学生的问题和兴趣出发，很新奇、很美妙。学习不再是与学生的兴趣分离、与学生的生活分离的独立行为，而是融入生活中的真实过程。通过体验式活动，学生了解自己，了解对方，学会沟通，学会合作，知道合作给他们带来了快乐与力量。

我们知道，合作探究学习是人才成长的必由之路，必须充分发挥老师的作用，努力提高学生本身的素质，这是促进合作探究学习顺利进展的基本策略。我们在合作探究学习顺利开展中从以下五个方面努力着。

一、发挥科学合作作用

育人需懂学生心，我们看到学生的闪光点，扬其长避其短，引导学生根据自己的特长和爱好确定合作研究课题，这是学生走向成功的起点，只有在宽松的学习环境中，学生才会求知欲旺盛，思维活跃，勇于发现问题，探究问题。创新就需要心灵的自然放松，创新更需要发挥学生的特长，想种花需知百花异。

二、发挥启发引导作用

充分发挥教师的启发引导作用才能使学生的思考得到有效训练，才能唤醒学生学习的乐趣。当学生遇到困难时，我们要引导他们去想；当学生思路狭窄时，我们启发他们拓宽；当学生迷途时，我们要把他们引上正路；当学生无路时，我们要为他们铺路架桥；当学生"山重水复疑无路"时，我们要引导他们进入"柳暗花明又一村"的佳境。启发与引导的过程也是师生进行情感交流的过程，教师满腔的热情、高度的责任心和高超的启发引导艺术都具有强烈的感染力。我们还要给学生充分的自主和自由，这些都是合作探究学习的前提和基础。

三、发挥组织促进作用

新时代告诉我们，培养学生的独立自主精神、合作精神、批判精神和求证精神都是很重要的，尤其是朋友间的交流和讨论更有助于创新意识和创新精神的形成与发展，这是学生走向成功的关键。因此，我们在课堂上经常以多样的分组策

略为学生创设多种小组交流合作，大大提升了学生的探究兴趣和质量。

四、发挥权威榜样作用

教师知识渊博、经验丰富，融教育研究和科学研究于一体，在学生中享有很高的威信，所以学生和教师在一起进行合作探究学习会感到无比骄傲自豪，这样就会增强学生的创新意识，坚定创新信心，提高创新勇气。学生面对面直接接受教师言传身教，思维方法得到充分的训练，学到课本中学不到的东西。课堂上，我们通过实践教会学生怎样在学习中选题，怎样查找资料，怎样写调查报告，这就明显提升了学习的层次。

五、发挥评价激励作用

合作探究学习重视过程评价，教师把学生在探究过程中的独特见解、微小创造性及参与的积极性都纳入评价范围，以多种方式进行评价，以发展的眼光看待学生的进步，不断发现学生的潜能，了解学生的需求，使学生看到自己在发展中的长处和不足，增强自信心。教师评价的内容是多元化的，评价的方式是多样化的，同时我们还指导学生进行自评和互评。这一过程给了学生莫大的鼓舞，使得他们无时无刻不充满着探究热情。

崭新的课程设置、全新的教学形式，不仅使得学生开阔了眼界，拓宽了知识面，而且综合能力得到了发展。学生的学习兴趣大大提高，不知不觉中被激发出了想象力。这不仅给学生带来了惊喜，更给教师带来了幸福的喜悦，教师为探索出新的教学形式而喜悦，为课堂上学生学习的热情而喜悦，为自己体验着教学的价值而喜悦，更为灵动而有活力的课堂而喜悦。教师投入其中，享受其中，在不断探索中思考着，努力着，实践着，收获着。

眼　　睛

裴 菊、宿 慧

研究时间

2012～2013 学年度第一学期

确定主题的缘由

　　天底下最明亮、最清澈的莫过于学生那一泓清泉般的眼睛。学生用眼睛探索世界的奥秘，用眼睛发现人世间的真善美。眼睛如此重要，但眼睛又是那样平凡，平凡得让人们忽略了它的存在。人们只看到自己的亮光，却很少发现别人的绚丽；人们只关注自己的那一点点喜怒哀乐，却对奇妙大自然的变化熟视无睹；人们只拼命地使用自己的眼睛，却不知道保护它。根据学校卫生室每年检查视力统计，每到二年级学生新发近视增多，为了让学生能懂得保护视力，师生讨论过后，决定以"眼睛"为主题开展研究。

研究目标

　　1）通过主题研究课的学习，学生初步了解眼睛这一人体器官的功能。学会保护眼睛的简单方法，会做眼保健操。

　　2）在学习中采用个人体验、小组合作等多种学习方式，并充分发掘身边的资源，做到走出去、请进来。

　　3）学生可以在学习的过程中发现身边的美，感受身边的爱，并愿意奉献自己的爱温暖身边每一个人。

实施过程

"眼睛"这一主题课的研究流程为：解读研究主题—小组合作—学科同步—展示交流。

一、体验——学生的认识更深刻

研究的初始阶段，教师纷纷开展了令学生感受深刻的体验活动，让他们学会发现美，发现爱……学生用丝巾蒙上眼睛，小心翼翼地摸索着前进，一个个障碍物在同学们的帮助下顺利绕开（图1），终于到达了终点，他们脸上露出灿烂的笑容。通过此次活动，学生感受到了双目失明给盲人生活造成的困难，树立了关爱盲人、不歧视盲人的意识，进一步认识到爱护眼睛的重要性。活动后，学生的家庭作业是阅读《假如给我三天光明》。作者海伦把生活中经历的点点滴滴都用笔记录下来，字里行间，无不洋溢着她对生活的热爱，影响了千万人。学生通过海伦·凯勒的著作再次感受眼睛的重要。

图1　学生在同学帮助下绕过障碍物

二、整合——学生的认识更多元

本学期二年级各学科设定了主题课主题——"眼睛"，通过参与、体验、发现等多种形式，学生不仅感受到同一个事物能从不同角度去思考，也更深刻地体会了眼睛的重要性。各学科丰富而有内涵的活动展现在我们面前。

（一）艺术美

美术课上，学生用他们的眼睛发现王府校区的美。秋天到了，老师带领学生走出教室，用自己的眼睛寻找王府校区秋天的足迹。学生看着满树银杏叶，像一把把小扇子，欢呼雀跃，老师则抓住时机，在树下为学生讲解如何写生——《银杏树下》。教师的讲解以引导学生学会观察为主，带领学生去发现树叶的形状、纹路、色彩等。学生在老师的引导下，认真细致地观察，用手中的画笔描绘自己眼中的银杏。通过"发现秋天""找找王府校区中龙之九子""水墨王府"等美术活动（图2），学生从校园的一草一木中，用自己的眼睛、心灵汲取着营养。他们用自己的眼睛、心灵捕捉着校园的美和文化，由不了解到如数家珍，从粗粗浏览到细致入微的观察……从这些变化中，学生眼中的校园发生了变化，他们说："校园像妈妈——温暖、美丽！"

图 2　学生的作品

（二）文学美

语文老师结合作文教学，开展了"用我们的眼睛发现美"的活动。学生兴致勃勃地寻找着校园里的美（图3）。正是因为学生拥有一双双善于观察的眼睛，看到了美丽的银杏树、美丽的校园，才写出了一篇篇优美的文章！当秋天来到美丽的王府校区时，学生都会簇拥到银杏树下、苹果树旁，嗅着、闻着感受秋天的气息，探索着秋天的秘密。

图 3　学生在校园内观察

当秋风吹起，王府校区呈现出另一番美景，学生眼中的秋天是这样的："远远望去，一棵棵银杏树就像一把把金色的大伞。走到树下，抬头一看，一片片银杏树叶就像一把把小扇子，风妈妈轻轻一吹，他们像在招呼着我们、欢迎着我们；仔细一看，有的银杏树叶还穿着绿绿的裙子，有的绿裙子镶上了金色的花边，还有的已经换上了金色的晚装！我爱秋天美丽的银杏树，我更爱我们美丽的校园！"

（三）规则美

集体游戏可以培养学生的规则意识、创新精神及合作意识。而规则意识正是一个人健康心态的集中体现。游戏深受学生的喜爱，也为教师开展规则教育提供了良机。体育课、数学课上，教师引导学生在游戏中用眼睛发现规则、遵守规则、创造规则。

体育游戏的内容必须是健康的，必须有趣味性及一定的目的性与针对性。选择游戏必须符合王府校区低年级学生的年龄特点，游戏的动作、情节、规则和组织方法都要与学生的身体条件、认识能力和心理状态相适应。游戏要有利于培养学生身体的正确姿势，发展学生的身体素质和基本活动能力，增强学生体质。体育课上，教师引导学生发现规则、遵守规则。犯规是体育游戏中经常出现的事，这是由于学生在做游戏时，一般都认为这是玩，因此对于游戏规则并不像对待其他规则那样重视，而经常违反规则。对游戏中犯规的现象，如果不及时地按规则严格处理，犯规的现象就会迅速蔓延开来，这样就会使游戏无法进行下去。所以，教师一开始就要让学生体会规则的重要，让学生去发现游戏中的规则。每节课，教师都会给学生留出一段反思的时间，让学生对照规则，交流一下，彼此看到了什么？从而反思自己的行为，开展小组自评、互评的活动。

本学期的数学课上，学生开始认识和学习乘法口诀。口诀课的内容虽然简单，却比较难上，教学模式大多都是先列算式，再编口诀，然后反复背诵。学生学起来十分枯燥。于是，数学组的老师开展了"发现游戏中的规则"的活动。首先，老师率先创编了口诀游戏，引起学生的兴趣，让学生边玩边用眼睛发现规则，再用心记住规则。之后，参与游戏。最后，鼓励学生自己创编小游戏，并尝试自己制订游戏规则。图4是学生最感兴趣的游戏——"看谁跑得快"。学生自己制订游戏规则：两手展开，左手五指并拢手心向下，右手伸出食指向上，首尾相连，站成一排。如果报的数字是今天学的乘法口诀的积，学生迅速做出反应，左手手掌抓手，右手食指迅速逃走，并报出这句乘法口诀。如果报的数不是乘法口诀的乘积，则不动。

图4　"看谁跑得快"游戏

（四）沟通美

英语教师设计了具有不同表情——"眼睛"的脸谱，学生通过不同的"眼睛"体会到了不同的情感。课上，教师先出示不同表情的脸谱，有愤怒、开心、喜悦，等等。学生先要根据表情猜一猜脸谱所要表达的心情，之后可以选择自己喜欢的一种表情，说一说这个单词，边说还要边做出夸张的表情。教师利用课上精彩2分钟环节，让戴上面具的学生根据表情，创编英语小故事。这个活动在丰富学生英语词汇量的同时，让他们深刻感受到眼睛的另一个重要作用——表达人的丰富情感。

❀ 效果反馈

一、德育——学生的认识更具内涵

其实，生活中的美比比皆是，除了美的景、美的物，还有美的人、美的事。本学期，我们开展了"发现爱"的德育活动。教师利用每天德育10分钟的时间，让学生进行"发现爱"的主题交流活动。学生畅所欲言："有一次课间的时候，我不小心摔倒了，我们班某某同学把我扶了起来。""我有一道题不会做，正在发愁的时候，某某同学主动过来问我是否需要帮助。"学生在平时的生活中多关注身边爱的行为，发现同学之间的互帮互助行为，发现谁为班集体做了好事。学生都会用自己的眼睛去发现，并向这些爱的行为学习，向榜样学习！同时，学生自己也要学会爱的行为，用更多爱的行为去感染身边的每一个人！

二、成长——用爱的行动感恩他人

当学生发现眼睛在各个领域的重要作用，对这一主题研究的兴趣就更加浓厚了，保护眼睛的意识也不断加强了。每个学生都坚持填写爱眼日记。爱眼体操是学生最喜欢的一项活动；有的学生以组为单位进行有关眼睛的小调查，制作了精美的爱眼小报。教师还和家长联手开办了"爱眼课堂"（图5），专家为学生介绍了眼睛的结构及如何保护眼睛（图6）。当发现不遵守规则的行为时，学生会善意地去提醒；当发现身边同学的优点时，真诚的赞美声更多了。当眼睛更加明亮，心与心的距离就更近了。学生懂得了"让自己的天空常蓝，让他人的内心温暖"，他们正把爱传递给生命中的每一个人。

图5　家长志愿者参加爱眼课堂

图6　学生认真做爱眼体操

心得与反思

一、家长的心得

很多家长对此次主题活动感受颇深，纷纷在家长反馈表中表达了心得。一方面家长看到了自己孩子的成长变化，另一方面体会到了研究活动的深刻意义。

一位家长说道："主题研究课——眼睛，不仅让孩子充分认识到了人体一个很重要器官的物理性，而且以此作为契机，体会自身和生活的联系，内容很好，对孩子很有启发性，建议以后多做这样的研究课。"

二、老师的感受

由于是第一次在低年级尝试这样的活动，方法与经验都不够，需要继续完善提升。这种研究过程让我们体会到了全新的思维方式，即同一问题可以从不同角度去思考，为学生的全人发展奠定基础。在活动中，全学科老师共同研究交流，整合思路，不断碰撞出好点子、新思路，精心为学生设计了丰富多彩的体验活动，激发了学生的研究兴趣，老师和学生在研究中共同成长着。

运　动

于　静、韩　燕

研究时间

2015～2016学年度第一学期

确定主题的缘由

生命在于运动。良好的体质离不开运动。而一个健康的体魄将作用于人的一生。北京第二实验小学致力于全人发展教育，因此把"运动"放在学生身心健康发展的首位。

学生历经一年的校园生活进入二年级后，习惯养成趋于意识稳定阶段，活泼好动的天性依旧，喜欢参加各种运动，渴望了解更多的运动方式。

根据学生的需要，教师通过引导学生正确地认识和了解运动，培养学生积极参与运动的意识。

通过大量具有科研味道的体验，学生形成立体、多元、系统的思维方式。

研究目标

1）通过搜集资料、生活实践、观察等，进一步了解运动，认识运动，懂得日常运动的正确方式。

2）在实践中发现运动的规则，学会多角度看问题，并展开一些思考，解决一些问题。

3）在多项运动中不断发展学生良好的个性品质，培养学生的学科综合素养。

 **实施过程**

一、准备阶段——趣味释题

学生是主题板块式学习的小主人，"主题"的确定源于学生的年龄特点和需要。综合学生由一年级至今的行为特点，结合各学科的学科教师意见，我们最终确定了"运动"这一主题。此外，老师在初步确定主题后还带学生进行了一堂体验课，在体验课中感悟"运动"，走进"运动"。在此活动安排中，学生先进行 5 分钟自由活动，在教室里走一走、聊一聊、擦一擦、摸一摸、摇一摇、闻一闻、蹲一蹲……与坐在椅子上的相对静止进行对比，体会什么是运动，运动带来的感受，在兴趣的激励下确定研究主题——"运动"。

二、初步研究阶段——生活求知

（一）制定任务单

主题确定后，教师给学生一周时间观察生活中的运动，同时结合自身实际，将关于"运动"的思考用学生自己喜欢的方式制成任务单（表1）。

表1 "运动"主题板块式学习任务单

班级：＿＿＿＿＿ 姓名：＿＿＿＿＿

我了解的运动	我对运动的思考
我的思维导图	

1. 走进校园，发现校园中的运动

学生发现校园里的运动主要集中在体育课、上操及课间活动中，学生记下常见的体育活动内容和游戏，并回顾自己在参与运动时的不解之处并写成小问号（图1和图2）。

图 1　学生课间活动　　　　图 2　学生积极参与体育课活动

2. 走进生活，发现生活中的运动

学生在家庭生活中继续观察运动，发现家庭中的运动包括户外运动与室内运动。常见的户外运动包括踢足球、打羽毛球、散步及利用社区健身器材等。室内运动则常见为一些小游戏，如纸牌、棋类游戏等。

这个环节的目的是让学生由问入学，引导学生观察并在生活中充分认识运动，在实践中不断思考，有目的地走进主题板块式学习。

（二）互动交流

运动包括哪些内容？在运动中怎样更好地保护自己和他人的安全？怎样运动更合理？……

学生在实际生活中进行观察实践，对"运动"这一主题表达了自己的想法。很多学生将自己喜欢的运动以手抄报（图 3）的形式呈现出来，并与同学交流，变身为"小小解说员"（图 4）介绍相关知识。

图 3　"我喜欢的运动"手抄报　　　图 4　"我是小小解说员"手抄报

（三）搜集相关资料

根据"运动"这一主题搜集相关资料。

三、求索阶段——实践思考

学生在不断实践中发现并提出了一个又一个关于运动的话题，在搜集资料的过程中，他们发现了一些自己以往并不了解的运动内容和运动细节。例如，冬季奥运会与夏季奥运会有什么不同，如何跳绳跳得更多，大人们小时候玩的游戏和我们现在玩的游戏有什么不同，等等，主题探究进一步得到展开。学生开始向老师和家长们求索。依据学生所需，各科教师也积极支持学生的探究活动。

（一）体育：推广冬季奥运会与极限运动

在雪花飘飞的季节里，结合中国成功申办北京-张家口冬季奥运会，体育学科以"让学生认识冬季奥运会的知识，通过观看冬季奥运会冰雪项目的视频和图片，让学生感受刺激的体育比赛及冰与雪的魅力，感受运动的魅力，从而热爱运动，增强学生的集体荣誉感"为目标，带着学生走进冬季奥运会（图5）。

图5　学生观看冬季奥运会冰雪项目的视频

二年级5班思航说："通过这个板块的学习，我知道了许多奥运会运动比赛项目和日常的锻炼项目。我们上体育课的时候看了冬季奥运会视频。我最喜欢的冬季奥运会运动项目是短道速滑，我觉得它简直就是速度与激情的完美结合……"

　　运动的形式很多，极限运动（图6）惊险、刺激，大大刺激着学生的感官，在欣赏与交流中，学生对运动的了解进一步加深。

图6　学生欣赏的极限运动图集

（二）音乐：载歌载舞，随音而动

　　如何在音乐中引入"运动"元素？最恰当的方式莫过于歌曲和舞蹈了。音乐老师选择《母鸡叫咯咯》《小红帽》《快乐的音乐会》等歌曲，通过演唱将学生带入歌曲意境，带领学生自主设计动作来更好地表达歌曲意境，在"动"中体味音乐，在"乐"中快乐运动。每节课新授后复习歌曲时加入肢体语言的活动，让边唱边跳的学生更喜欢音乐课，喜欢"运动"中的音乐课。

（三）美术：提供美工与手工指导，美化"运动"

　　学生将对运动的新认知继续以手抄报（图7和图8）的形式展示交流，美术老师根据学生需要，帮助学生拓宽制作手抄报的思路，学生开始在手抄报中添加手工、简笔画等元素，使"运动"主题更加凸显，学生在动手动脑中，兴趣十足。

图7　简笔画手抄报——《篮球运动》　　　　图8　手工裁制手抄报——《足球》

（四）语文：文字中感悟"运动"、感悟生活

北京师范大学出版社出版的二年级上册语文教材中有一个单元名为"玩具和游戏"，学生非常喜欢。在这个单元中，老师引导学生通过品读课文、查找资料、分享交流等活动，积极开展了"我最喜欢的游戏"分享会，学生通过诗文等在语文课上品味"运动"。

四、拓展延伸阶段——螺旋上升

（一）雾霾与运动

在冬季里，随着气温的日益下降，雾霾天气渐渐增多，学生又将运动的探究发展到特殊天气里，思考当雾霾来临时该怎样开展正确、适宜的运动（图9）。

图9　雾霾与运动手抄报展示

（二）创编游戏

学生最喜欢做游戏，在"运动"主题里，学生忍不住要亲自尝试做一个小小游戏设计师，进行游戏创编。

学生先查找不同时代的游戏内容，在对比中发现游戏的创编不仅包括游戏的方法，还包括游戏的规则，从而产生了更加强烈的规则意识。最后，学生将自己创编的小游戏教给同学，与大家一同分享游戏的快乐。

例1："我是游戏创编师"

（1）（室内游戏）"歌名接龙"

思路：根据成语接龙、词语接龙而创设此游戏。

方法及规则：参与游戏的人要按第一个人说的歌名的最后一个字来说新的歌名。

人数：2人或2人以上。

（2）（室外游戏）"勇者大冲关"

思路：根据"爸爸去哪儿"而创设此游戏。

方法及规则：参与游戏的人要在原地转三个圈，然后找到一个地方，找到至少1个人，同时回答提出的一个问题，冲过关卡。

人数：2人或2人以上。

例2："扔石子"

先画好十字方格图，标注数字1~8，然后在十字的四个不同位置画上圆圈作为"投石处"。将小石子轻轻扔向四个"投石处"之一的位置，根据所扔的位置计算得分，得分最高的人获得胜利（图10）。

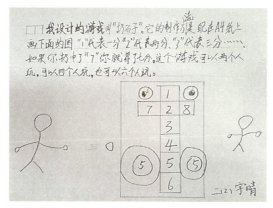

图10　学生设计创编游戏——"扔石子"

 效果反馈

一、学生层面

学生的收获丰富极了，从诗歌创作到兴趣培养，满满的"一筐箩"。

运动着，快乐着

小阳

那天，老师在学校里给我们介绍很多好玩的运动项目，有的从很高的跳台上跳到水里，有的骑着单车在半空中转一个圈再稳稳落地，有的从雪山上踩着滑板飞快地滑下来，还有的在大海里踏着冲浪板挑战一个一个浪尖。我觉得这些运动既有趣又很有难度，需要我们平日里坚持锻炼，还需要我们勇敢地面对困难。

在学校里我最喜欢体育课，我们可以跳绳、跑步、学习武术操，可有意思了。我和同学们可以在操场上跑跑跳跳，都争着拿第一名，哪怕出一身汗也很舒服。可是，当遇上雾霾天我们就不能到户外做运动了，但我相信同学们和我一样，雾霾天的时候也有办法锻炼身体，你们知道我是怎么做的吗？

雾霾天，爸爸、妈妈和我一起在家里做体前驱、压腿、俯卧撑还有仰卧起坐等运动。爸爸和我一起做仰卧起坐的时候，我们每次做3组，一组做10个，可是爸爸做到最后一组就会变得很吃力，我总是能赢他。而妈妈会和我一起把腿放在窗台上练习压腿，说到压腿，这可是我在学跆拳道时的必修课。

运动让我快乐，让我健康成长，让我懂得了坚持、永不放弃！

我 爱 运 动
丽坤

我很喜欢运动这个板块，因为这个板块让我学到了很多与运动有关的知识。

在课堂上，我们学习了和运动有关的课文，我还听到了同学们提出的很多与运动有关的问题。我对这些问题很感兴趣，所以我回家开始寻找这些问题的答案。

我做了好几张主题研究小报。第一张小报，我把自己知道的和想知道的都汇报给大家；第二张小报让我了解了与足球有关的一些知识，比如足球比赛的时间和规则；第三张小报是"雾霾和运动"，这张小报让我知道了雾霾的来源、雾霾对人体的危害和雾霾天能做什么运动。我还看了同学们制作的小报，这让我知道了同学们喜欢的运动和他们了解的知识。

通过这个板块的学习，我学到了更多与运动有关的知识，我还提高了自己寻找答案的能力，我很喜欢这个板块。

爱 运 动
沐沐

我爱骑车
感觉自己像动车
风驰电掣向天际

我爱跑步
感觉自己像飞机
飞上云端三千米

我爱跳绳

感觉自己像悟空

一跳十万八千里

我爱写诗。这就是我在运动主题板块学习中写的诗。

我还爱绘画。学校这学期分了好几个板块，有秋天板块、运动板块、合作板块，我画了"我眼中的秋天""雾霾与运动"等，老师夸奖我画得不错，同学们也都画得很起劲。学校里的体育节标志设计、班里的班徽设计，我们全家也都积极参与了。

我更爱运动。这学期的雾霾很严重，学校开启了好几次"停课不停学"。同学们在家里学习，在网上交流；老师用微课堂讲课，用微信指导，这些都是很不同的体验。虽然不能户外运动，但家里也是很好的运动场所。学习累了，我就在家里跳绳。我更希望的是，新的一年里，蓝天多一点，雾霾少一点，这样我们就能去学校里开心运动啦！

二、教师层面

平平老师：我围绕"运动"主题，通过演唱不同情绪的音乐作品，引导学生感悟学习力度、速度、节奏等音乐要素对表现歌曲情感所起到的作用，并在音乐中感受运动的意境如何用音乐表达等，培养学生建立正确的歌唱观念，养成良好的歌唱习惯，引导学生用良好的歌唱姿势唱歌，主题板块教学起到了意想不到的效果。

丹丹老师：没有想到，动态的"运动"话题以静态的文字形式展示后，居然让文字"动"了起来，让学生通过文字进行了"运动"。学生参与"运动"主题板块后，积极寻求喜欢的体育运动方式，通过"精彩2分钟"向大家讲解运动的方式、比赛规则等，通过手抄报将运动方法在图文中呈现，学生在各方面得到了发展，学生的收获可真不少！

欣欣老师：当"运动"板块深入开展后，学生在体育课上更加关注各项运动的规则，安全意识增强了很多……

心得与反思

对于二年级的学生来说，学生的研究资料来源是五花八门的，既有文字性资料，也有生活实践、交往言谈……还有专业传授、综合学科认知。交流中，将搜集的资料化为学生自己的生活认知，通过学生喜欢的手抄报的形式加以深化，起到了以点带面的综合性学习效益。

"运动"主题板块式学习中，全学科的参与过程，使学生对运动的认识、了解一下子拓宽了，不再是以往狭窄的思维认识，通过各种感官的调动、参与，通过各种形式的表现、展示，通过各种渠道的认识、研究，不仅更加深入地了解了运动，还认识到在运动中遵守规则是对己负责的表现，可以保障个人及他人安全，合理的运动方式可以提高运动效果、让身心更健康……这是让人惊喜的收获，也恰恰体现了主题板块学习的超学科特性。

但是，基于学生兴趣的"运动"主题板块的学习，在形式上虽然体现出综合性，但依然存在"分科化"特点，探究"运动"主题的综合性、融合性、多维性、科学性是我们持续深入研究的重点。

责任

何昕礴、段川燕、孟丽荣

研究时间

2015～2016 学年度第一学期

确定主题的缘由

作为社会群体中的一员，每一个学生都应该面对自己的责任。我们既要让学生懂得责任是一种精神，更是一种品格。我们关注全人发展，希望学生都成为"最好的我"。责任就是对自己不喜欢的工作，毫无怨言地承担，并认认真真地做好。我们借助年级资源，组织军营进校园活动，对学生进行微型军训的同时，使每个学生感受到责任的意义，以此进一步提升"爱"的能力。

研究目标

1）每周的微型训练，通过学习站军姿、学做军体拳、学唱军歌，学生不仅在身体素质上得到锻炼，更重要的是学习解放军服从命令、不怕吃苦的精神。面对学生的为难情绪，老师通过心理疏导和班级气氛的营造，使学生拥有了健康的心态。

2）丰富班级文化内涵，通过一人一岗的小干部工作，加强学生责任意识的培养。

🍀 实施过程

一、第一阶段：活动启动阶段（二月）

结合雷锋纪念日观看影片和阅兵式，激起学生对解放军的崇拜之情。开展"责任意识大讨论"，明确作为学生所应尽的责任。

二、第二阶段：活动实施阶段（三四月）

从三月初至四月底，每周固定一个半天，分两批对 14 个教学班进行队列、军姿、军歌、拉歌及军体拳的训练，学生从中感受到军人对工作负责任的态度，从而对于塑造学生的行为习惯有积极意义。

期间，各学科围绕"责任"开展特色教学。

1）把"少先队员是祖国的接班人，肩负着保家卫国的重任"与"讲信用"单元的学习相结合，加强班级特色文化建设，努力营造积极、健康向上的班级文化氛围，收集有关负责任的格言和小故事。

2）通过统计军训前后学生在遇到困难时的不同表现，统计出相关数据，进行对比分析，感受其中的变化。

3）小组合作设计"轻步轻声"的提示牌及英文标识，进行简单对话。

4）由学生自发带领班级学唱几首红歌。

5）塑造学生健康、积极向上的人格，通过讲述英雄的故事，培养学生良好的意志品质。

6）将军训与体育课相结合，使学生做到一切行动听指挥，远离危险活动。开展安全游戏也是负责任的表现。

三、第三阶段：成果汇报阶段（五六月）

以年级为单位，开展两次主题研究课的汇报，即运动会上开展队列和军体拳的比赛；把红歌的演唱作为红五月歌咏比赛的重要组成部分之一，展示学生风采。将守规则与负责任相结合评选出最具集体凝聚力的班级。

综上，第一阶段到第三阶段的具体课程安排如表 1 所示。

表1　三个阶段的具体课程安排表

阶段 学科	第一阶段	第二阶段	第三阶段
语文	1）了解责任的含义：应尽的职责；应承担的过失 2）结合校运动会，谈谈在运动会中的责任体现在哪些地方 3）搜集有关学生"讲责任"的格言及小故事	1）结合语文"讲信用"单元，进行语文主题研究活动，理解"说到做到" 2）寻找学生身上讲信用、负责任的小故事	1）夸夸我的责任心（精彩展示与班会结合） 2）多种形式展示（话说责任、系列小报、小叮当电视台、幻灯片）
数学	观察生活，收集数据，了解现状，体会环保的重要性，以组为单位确立环保主题	根据收集资料，提出相关的数学问题	通过解决问题的数据引发思考，从我做起，制订环保措施。结合责任这个主题，探究环保中的数学问题
英语	全体学生寻找关于勇于担当、承担责任的简单的英文名言、谚语。课上师生共同理解、分享	师生共同进行课前参与，选择简单、合适的关于责任的1~2个英文小故事，全体学生在学习小故事的过程中理解"责任"的重要性	学生自由组合分组，将所学小故事排练成小话剧，全班分组展示，在电视台展示精品
音乐	学唱歌曲《学习雷锋好榜样》	学唱歌曲《团结就是力量》	学唱歌曲《打靶归来》
体育	观摩解放军进行的队列和军体拳的表演。学生分班级进行原地队列练习	学生分班级进行原地的队列练习，以及行进间的队列分解动作	学生分班级进行原地的队列练习，以及行进间的队列练习学习
美术	**"校内提示语设计"** 责任在我们手中传递，我们要上三年级了，留给一年级的是一份"绿色"的责任。"节约用纸""轻步轻声"等提示牌是出自学生一颗真挚的爱心	**"我的班旗，我设计"** "树立班级形象，端正良好班风"，我们亲手设计班旗，就好像亲自在集体的心田里种下爱的种子，以爱育爱，让班级精神在爱中成长	**"画画地球，心灵环保"** "地球哭了，地球笑了"，我们虽小，但会长大。承担责任，要从小做起，净化心灵，才能美化环境

四、成果展示阶段——校园的军训生活

军训活动开始了，解放军战士早早地就出现在我们的操场上，学生好奇地透过窗户眺望着这些"最可爱的人"。全年级被分为两个大组，训练之前的两个课间不停有学生跑过来问："什么时候才轮到我们班呀？"语气中充满了期盼。

学生终于盼来了和解放军叔叔近距离接触的机会，首先看到了一段精彩的队列表演和军体拳展示，精彩的表演让学生叹为观止，小个子的学生在前面啧啧称奇，高个子的学生在后面如海浪一般陆续地跳起来，就为了看得更真切，掌声如雷鸣般络绎不绝。

队列表演和军体拳展示是战士的强项，但是教二年级的小朋友可是他们的第一次。班里44个孩子分成4组，分别由4个教官带领，威武的战士看着我们可爱的学生一下子就温柔了起来，训练之前亲自帮学生把袖子挽起来，看到生病见习的学生还蹲下来亲切地问候情况（图1）。

学生看到了军人的威武，还感受到了他们的柔情，对"最可爱的人"这句话有了切身的体验。正所谓"亲其师，信其道"，榜样的力量是无穷的。看看我们一节课的训练结果吧。图2～图4呈现的是学生正在进行训练。

训练了一段时间，教官们临时集合起来，做了一件更加让学生感动的事情，他们凑在一起交流刚才的教学感受，根据各班的实际情况及时调整教学内容。看！教官们虽然去讨论了，学生依然坚持一动不动地练习军姿（图5）。看看我们的四个小队，整齐极了！

七天课，我们进行了两次军事训练。学生们先后学习了站军姿、原地转法练习、齐步走。图6～图8呈现的是学生军事训练中的表现。

图1　叔叔在关心地问我

图2　向右看齐

图3　一动不动

图4　接受检阅

图 5 看！第一个项目，学生开始站军姿了，　图 6 稍息动作——左手握右手腕，整齐划一
　　　个个挺拔、精神

图 7 原地转法训练　　　　　　　　图 8 齐步走分解动作

 效果反馈

三维目标的完成情况如下：

1）每周的微型训练，学生通过学习站军姿、学做军体拳、学唱军歌，不仅在身体素质上得到锻炼，更学习解放军服从命令、不怕吃苦的精神。

2）加强了学生的责任意识，有助于学生树立远大理想。

3）通过志愿者服务责任制，加强责任意识的培养，不论是值日生、值周生还是"窗官""水官"，学生的主人翁意识不断增强。

观影活动激起学生对解放军的崇拜之情，培养了他们的主人翁意识。军训让学生亲身感受到军人对工作负责任的态度，从而感染着学生的行为习惯，继而培养他们热爱祖国、保卫祖国的理想。各学科围绕"责任"开展特色教学，不但调动了学生的积极性，而且寓教于乐，形成大课程观，多学科渗透，在学生责任意识的培养上取得了很好的效果。

一、家长层面的收获和感悟

家长感悟（小亓家长）

负责任的小亓同学

周末，爸爸、妈妈带小亓同学去索尼探梦参观，各种各样有趣的物理现象让小家伙兴奋不已，她东瞧瞧西看看，还不时地动手操作。到了索尼 3D 剧场，影片开场前的几分钟，小亓佩戴好眼镜安静地坐在前排等待影片的开始，突然她发现剧场入口处有一位坐轮椅的老爷爷和一位白发苍苍的老奶奶正慢吞吞地走着，小亓同学飞快地跑向工作人员要了两副眼镜，然后把眼镜交到老爷爷和老奶奶手里，并手把手地教给他们如何使用，然后又回到自己的位置看电影。精彩的影片结束了，观众们都陆续走出影院，负责任的小亓同学没有忘记两位行动不便的老爷爷和老奶奶，她又回到两位老人的身边，帮他们摘下眼镜并归还给工作人员。小亓的行为得到了大家的一致好评，老爷爷、老奶奶连声夸小亓懂礼貌、负责任，索尼探梦的工作人员还专门送给了小亓同学一份小礼物。

从小事做起，从生活中的点点滴滴做起，孩子的行为感染和温暖了我们的心。

二、学生层面的收获和感悟

（一）学生感悟一（小孙）

有一个值周生，我既不知道他的姓名也不知道他的班级，但是每到课间，他总是按时到达一层的楼道口——他的值周岗位。对于那些做不到轻步轻声，而是大声喧哗、奔跑而过的同学提出警告。有时候我也会在操场上看到他的身影，他在提醒那些追跑打闹的同学注意安全。这是在我们学校生活中多么小的一件事情，但也充满了爱与责任！从一年级到二年级，一共四个学期，这位同学一直坚守着他的岗位，认真对待，从没有抱怨、懈怠，从没有推辞自己的值周任务，这就是责任！

责任可以让我们将事情做完整。尽其责，成其事，他赢得了我由衷的尊重！

（二）学生感悟二（小韩）

我 的 责 任

我是一名"镜官"，我的任务是每天到校后擦班里的镜子，如果早读开始了，我就在第一节课间把镜子擦得干干净净。我先用水把手纸拈湿，摊在手上先横着擦一遍镜子，然后再拿干手纸竖着把镜子擦干净。我每天到校后都这样坚持，让班里的镜子始终保持干净。我记着一句话："言必信，行必果。"既然老师和同学们信任我，我就要做得最好。这就是我——一名"镜官"。

（三）学生感悟三（小甘）

原来我并不完全懂得什么是责任，责任的真正含义是什么，但是主题研究课的学习让我懂得了责任。

我很爱看书，《轻兵器》《航空知识》《模型世界》等杂志我每期必买，遗憾的是我错过了第 6 期的《模型世界》，因此我每次路过报刊亭必要询问一番，但每次都是扫兴而归。上周五我终于在长椿街地铁站旁的报刊亭找到了我梦寐以求的《模型世界》第 6 期，当时的心情真是溢于言表，妈妈也从我的表情中明白了我的心思，马上表示买下来，可是妈妈掏钱的时候发现只有十块钱了，而杂志的标价却是十五元。"钱不够！"我的脑子嗡的一下，我失望到了极点，恋恋不舍地望着那本来之不易的《模型世界》，眼泪替代了先前的喜悦，不情愿地挪着脚步继续回头望着。

"十块钱！拿去吧！"一直看着我们的报刊亭老板大概是被我的真情所打动，慷慨地对妈妈说。"那怎么行！"妈妈不好意思地说，"孩子愿意看书多好啊！下次路过了再给我好了！"老板爽快地说，妈妈稍稍停顿一下递过去十块钱说："谢谢您了！一周内一定把钱还给您！""不急！"老板将杂志递给了妈妈转身继续做自己的生意去了……

"妈妈，他不怕我们不给他钱吗？"我看着妈妈好奇地问道，"不怕！"妈妈很坚定地说："这就叫信任！他那么信任我们，我们也有责任履行我们的诺言。"我若有所思地点点头。

回到家我将发生的事情一五一十地讲给爸爸和弟弟听，爸爸问："你的想法是什么？"我毫不犹豫地说："主题研究课上老师给我们讲了责任，下周一给他送去！"爸爸赞许地竖起了大拇指，我好高兴，抱着我的杂志写作业去了。

星期六早上弟弟一睁开眼就对妈妈说："妈妈，别忘了将五块钱还给人家！"爸爸听了又竖起了大拇指，我想："弟弟也明白了责任！"

周一终于到了，我一直惦记还钱的事情，一放学我赶紧牵着妈妈的手向地铁站奔去……钱还了，我好轻松、好高兴，我履行了承诺，同时也收获了信任，快乐伴我成长！

心得与反思

本学期年级以"责任"为主题，开展系列主题研究活动。作为社会群体中的一员，我们要让学生懂得责任既是一种精神，也是一种品格。借助年级资源，组织军营进校园活动，对学生进行微型军训的同时，感受做出责任的意义，促进全人的发展。

一、开展活动，在活动中体验责任

正装校服日继续进行，借此时机我们进行了课间操展示前最重要一次合练。学生按照比赛的顺序和要求进行了模拟赛，同时教官针对问题进行重点练习。在正式比赛那天，官园校区的学生在年级运动会上队列广播操比赛的出色表现得到了大家的肯定，学生获得了去新文化街校区展示课间操的机会，这次活动充分体现了学生的责任意识和规则意识，表演过程中获得了多次热烈的掌声。

本学期我们培训了一批又一批值周生，将校园划分成若干区域，由每班选派的学生作为光荣的值周生。值周生们认为："言必信，行必果。责任可以让我们将事情做完整。尽其责，成其事。"

学生借助小叮当广播这一平台搜集讲责任的英语故事和格言，在美术课上，学生拿起手中的画笔描绘对地球环境的担忧，同时也真诚地表达了他们要合理利用资源的决心，并制作了许多寓意深刻的提示牌。

二、勇于承担责任，敢担当

（一）通过一系列活动，学生懂得了要做一个有责任心的小学生

首先，要学会做人。做一个阳光、大气的学生。比如，保持心情开朗，为人宽容；做一个有公德心的人。比如，遵守社会秩序，保护地球环境。总之，提升学生系统思考的能力，做好低、中年级的良好衔接。

1）在低年级加强对学生规则意识的教育，做到严慈相济，为低、中年级过渡做好准备。

2）加大在新时期对学生不当行为矫正的研究，继续提升教师领导力。

3）与中年级老师做好细致交接，提供更多信息，以利于中年级教师更有效地开展工作。

（二）要完成自己的责任

作为学生，应自觉努力学习知识，独立思考，独立完成作业，独立收拾和整理学习用具。

（三）要勇于承担责任

作为班里的一员，要有集体荣誉感，尊敬师长，互助有爱；作为家里的一员，要尊老爱幼，主动承担家务。

开展主题研究课的学习，无论学生还是老师都受益匪浅，通过整合课程资源，围绕同一主题进行有侧重点的教育教学工作，产生事半功倍的效果。

纸

刘 黛、张 丽

研究时间

2013～2014 学年度第二学期

确定主题的缘由

"纸"作为我国四大发明之一，它不仅传承了浓重的文化气息，更是家家户户不可或缺的必备品，与学生的学习、生活息息相关，从"纸"的文化发展，到"纸张"的类别选择，再到生活实践中"纸"的应用，都充满丰富的趣味性、研究性、可操作性，符合学生年龄特点及认知规律。学生对纸有着浓厚的兴趣。古人有云："秉承松竹气，自有洁高风，体似薰兰渥，身如白雪澄；卷舒江海小，驰骋典章深；裁剪君休惜，江湖待美文。"短短的一首小诗道出了"小纸大学问"。"纸"中不仅有文化，更可以发挥学生的动手能力、创造能力；抓住纸的特性进行性格引导，与国学、德育教育巧妙结合，都是很有意义的。为了能让学生对"纸"有更深刻的研究和了解，给予学生更多自主选择、自主探究的空间，发挥学生的创造力、审美能力、动手能力等，并将其和道德教育有机结合，达到"在活动中育人"的目标，2013～2014 年二年级全体师生将"纸"作为研究主题。

研究目标

1）给予学生更多自主选择、自主探究的空间，发挥学生的创造力、审美能力。

2）让学生了解各种纸的英文表达，如卫生纸、餐巾纸、湿纸巾、宣纸、铜版纸、锡纸、牛皮纸等。

3）从纸的色彩谈视力保护，从纸张特性中学做人。

4）讨论纸中涉及的数学问题，纸在生活中的神奇效能，传递给学生"废纸不废"和"循环使用纸张"的环保理念。

实施过程

主题研究课的流程如下：集体备课，制订任务单—全体集会，下发任务单—学生根据任务单选择研究小组—查找相关资料—交流汇报—年级集会展演、参观体验。

一、主题的选择与确定

确立的主题应该是学生最感兴趣的话题，他们才会更积极、主动地参与到研究中，因此，我们分三步确定最终主题：第一，我们请学生从生活中发现问题，选择自己感兴趣的内容，自由申报主题；第二，全班通过投票，推荐出突出感兴趣的三个主题；第三，年级根据各班的汇报确定一个关注度高、可行性强的主题为年级最终主题。

二、填写任务单

开学初，确定主题后，我们利用小叮当电视台宣布了主题研究活动的开始，并下发了任务单（表1）。

表1 任务单

姓名：_____ 班级：_____

我对"纸"文化的了解：

我的汇报形式：

1.纸质创作（   ）   2.小讲师（   ）   3.小实验（   ）   4.环保行动（   ）

5.其他（   ）

三、实践研究

学生兴致盎然，结合任务单选择自己感兴趣的话题，自由组合成探究小组，有的小组对纸的发展史、与纸有关的成语故事等感兴趣，就通过上网查找了相关内容；有的小组制作了纸质的环保球、接力棒、纸飞机等；有的小组提出为什么要制出不同的纸，不同的纸质又能做出什么东西？结合这个问题学生深入研究实践。有的小组提出环保用纸，利用废纸制作了很多手工制品；还有的小组亲自动手实践纸张的制作过程（图1）。大家有分工，有合作，积极地投入实践研究中。

图1　学生亲手制作纸

四、各学科的特色汇报

语文课上，老师把学生找来的关于纸的故事进行筛选分类，分成不同的话题——成语故事、科学家与纸、纸的启示，并组织学生进行与纸有关的"故事会"，通过故事汇演，学生了解更多关于纸的成语，积累词语，学生通过故事内容了解了更多关于纸的特性与历史。我们还开展了"我编我演"的小剧场，学生以小组合作的方式演绎小故事。利用小叮当电视台，学生担当小讲师，讲解关于"纸"的文化。小讲师们精心准备、精彩讲解，其他学生听得津津有味。学生还纷纷制作了小报，张贴在楼内，让每个学生感受到身边纸的文化，每个小报都很有创意，不是简单、随意地选用各种纸，而是选择身边常见的、常用的及废弃的纸张，如纸质垃圾袋、卫生纸、用过的边角纸。学生在交流中谈道："纸是我们生活中不可或缺的一部分，尽管很多，但是纸张来之不易，我们更要节约用纸，变废为宝。"

体育课上，老师带领制作环保球和纸质接力棒的学生开展投球、接力跑的活动。活动中，老师和学生探讨用不同质地的纸做出的环保球，哪个好投，哪个投得远，为什么？学生不仅相互探讨，还亲自实践，得到答案，乐此不疲。

数学课上，折纸、剪纸游戏、废旧纸张利用等活动，帮助学生在实践活动中知道"纸"的分类，通过小实验了解纸张的大小、轻重之间的关系，共同探究选用什么质地的纸可以制作更结实、实用的东西（图2和图3）。

图2　数学中的纸文化

图3　环保盒

品德课上，我们结合学生搜集的关于纸的资料，开展收集废弃纸张的活动。做再生纸之前，同学对回收的废纸进行分析，发现其中包括随手撕掉的作业本、用完的试卷、草稿纸、彩色手工纸……很多纸张只用了一面或者一面都没有用完，还有少数纸张什么也没有写。这说明，学生用纸存在着浪费的现象。

针对这个现象，我们在每个班级设立了"节约用纸监督员"，发现乱丢纸张和浪费纸张的现象后及时进行制止，以此教育学生不要对浪费一张纸不屑一顾，节约用纸不仅仅是为了省下自己的钱，更重要的是为社会节约资源，因为作为一个拥有14亿人口的大国，每人每天浪费一张纸，也是一个很可怕的数据。从而让学生意识到节约纸张的重要性和必要性，提高环保意识。

美术课上，老师和学生一起欣赏关于纸的创意作品，激发创作灵感，拓宽视野。按着设计主题，与学生共同研究纸的用法、材料的选择等创作技法。最后，小组合作创作作品。由学到用，整个过程充满探究、欣喜、创造。学生在已有的经验上，用废弃纸从装置艺术的角度创作尺幅更大的作品。装置艺术的规模更有气势、更具感染力，这一创作对学生的审美视角有着拓宽和激发的作用。我们还利用楼道展板和校园文化园的展示场地，为学生提供创作的空间。看到一幅幅成品、一个个富有创造性的作品（图4），真是让人叹为观止。

图4　学生的纸作品

学生的随笔

2014年6月24日，石老师带二年级6班的学生去小礼堂参观纸制艺术品。首先，我看到了一个巨大的"海豚"，也是全场最大的纸制艺术品。它是由无数小纸片组成的一个立体大型"海豚"。然后，我看到了几个做工精美的"闹钟"和一个很有创意的"坦克"，这个"坦克"的炮筒是由空的薯片盒做成的。

通过这次纸制艺术品的制作和参观，我感受到了即使是小小的纸，我们也不能小看。因为有了它们，我们才可以创造出各式各样的作品；因为有了它们，我们的生活才多了许多乐趣。另外，只要我们多动手，多一些创造，就可以创造出很多精美的作品。

❀ 效果反馈

我们利用各种活动，让学生体会纸与人类生活的密切关系。了解和欣赏纸艺作品、纸艺艺术，接受美的熏陶。通过纸艺竞赛，培养学生的创新意识与合作竞争意识；还让学生体会到废旧材料循环使用：活动所需的材料从学生家中征集而来，再用在学生身上，做到"废物利用""废物出新"，传递给学生"废纸不废"和"循环使用纸张"的环保理念。通过活动，学生学会科学探究的方法，培养学生从身边发现问题、解决问题的能力，促进学生观察能力、实践创新能力的提高。

 心得与反思

此次主题活动课来源于学生生活，涉及面广泛，形式多样化，调动了学生的求知欲、探究精神，因此才会在实施中收到良好的效果。作为其中的参与者，我们深深地感到一个主题的设立必须符合学生的年龄特点，将学习变被动给予为主动探究。只有学生感兴趣的主题，才能调动学生学习的热情，才能激发学生发自内心的求知欲。

整个主题研究过程中，为了研究的内容更有趣，我们在不同学科设计了很多体验、动手的活动，学生也全情投入其中，收获颇丰，但是，主题研究课重在学科间的相辅相成，我们还融合得不够，这也是我们今后需要思考改进的地方。

三年级主题研究课

超　市

宋　征、刘　黛、赵伟然

研究时间

2010～2011学年度第一学期

确定主题的缘由

　　"超市"是三年级上册语文教材中的开放单元主题，同时是数学教材中认识小数单元的主要生活情景，在英语教材中的情景对话也与之有关。它既与学生生活息息相关，也有很强的开放性，并在各个学科都有所渗透。开放单元需要孩子在生活中学习，学生要带着问题走出去，在社会大课堂中亲自实践，在此期间获取的是学生一次一次的积累和提升，这更需要我们把各科综合在一起，实打实地给学生布置任务和给予方法，让学生有目的、有意识地进和出。选用"超市"主题，学生身边不仅就有生活原型，而且从多个学科角度都可以进行研究。主题研究的最终目的就是让学生将来能在生活中运用、实践。另外，每次去超市都是学生接触社会、与他人交往的重要机会。在购物过程中，学生体验着规则、体验着知识、观察着生活。这个过程就是学生社会化的过程，对学生健全人格的培养具有重要意义。

研究目标

　　让学生了解超市的结构特点，初步了解超市文化，让学生有物品分类的意识，按照物品区域寻找物品。通过英语课的学习，学生能进行超市内的简单对话，在购物中初步解决数学问题，了解购物的文化，培养学生良好的购物习惯。

 **实施过程**

一、研究步骤

本主题分三个步骤开展研究，即年级动员—班级落实—同伴交流。

年级动员方面：三年级学生第一次将主题研究变为课，要实现广而融的培养目标，必须在认识上达成统一。每一位学生都要清晰地认识到我们在做什么？可以怎样做？因此，在年级的一次主题研究课上，由年级主任宋征老师带领学生对超市进行了开题。宋征主任从"超市的由来、超市里的学科知识、超市里的非学科知识"这三个角度和学生进行了交流。学生兴趣盎然，思维受到启发，明确了自己的研究方向，逐渐清晰自己的研究小主题。

班级落实方面：年级动员之后，要想落实到每一位学生身上需要各班的进一步跟进。围绕着"超市"这个大主题，各班主题老师进一步引导，制订出学生自己的研究小主题。在此过程中，指导老师既要关注学生不同的需求，又要很好地发挥自己的学科背景，给予学生全面、深入的指导。

同伴交流方面：在课内、课外学生们都有实践体验，有的学生保存着超市的记录单，有的学生拥有第一次独立购物的经历小随笔。在交流中，孩子们不仅重温自己在实践活动中的体验，还领略到同伴不一样的实践经历，从而让交流变成另外一种学习方式，把实践研究落到实处。

有的老师本着"参与求体验"的理念，让学生从学科的角度带着自己的父母、同学走进超市去观察。学生用随笔的形式将自己的体验及时记录下来，之后进行全班交流。

有的老师关注"多学科的整合"，让学生去过超市后独立设计超市平面图，设计过程中要关注到各个学科，这需要学生思考学科与科学的关系。

二、结合各个学科进行整合研究

设计一个超市或是自己喜欢的一种商店，可以把各科的知识融入设计中。例如，超市内播放什么音乐、室内怎样的构图设计、商品上写好物品名称及合适的价钱；将超市内的物品归类，学习英语中的一些集体名词和复合词语，如 seafood（海鲜）、clothes（衣服）、vegetable（蔬菜）、fruit（水果）、snacks（零食）、dairy foods（奶制品）、stationery（文具）、toy（玩具）等；独立到超市中进行一次购物，学会按分类寻找相关物品，并学会找赎货币；观察你在超市中的所见所闻，写一篇关于购物的周记或作文。图1显示的是学生在课程进行的初期自己动手设计的理想中超市的平面图，超市文化中的色彩、布局、人文的气息随处可见。

图1　学生绘制的超市图

在这些设计中，学生发挥自己的想象和能力，从各个学科角度把超市所要关注的布局、音乐背景等方方面面都表现出来。

学生的体验和感受如下。

购　物

今天，妈妈交给我一个特殊的任务，让我自己到超市买三样东西——面包、豆干、酸奶。

我来到了我们家对面的京客隆超市，里面有很多货架，上面摆满了各色各样的商品。超市里有许多购物的人，但没有像我这样的小朋友。

我首先去了卖面包的区域，绕着货架找了好半天也没看到要买的那种面包。我急得要命，最后我时间来不及了，就拿了两袋我认为是要买的那种面包，将信将疑地走开了。

接着，我又来到了豆制品区域。我想找今天生产的豆干，可找了好长时间都没有找到，我自己都快掉进货柜里了！没办法，我只好买了三天前生产的豆干。

然后，我来到了卖酸奶的区域，选了我最喜欢的奇异果、芦荟、苹果果粒酸奶各一个。

最后，我来到收银台结账。总共花了十三元八角五分。我还花了两角买了一个大袋子装东西。

回到家里，妈妈看到我满载而归不由得喜笑颜开。因为我以前只见过妈妈切好的豆干，不知道豆干是一块一块的，结果买回来的"豆干"是豆腐丝！爸爸、妈妈和我都乐坏了。

通过这次独立购物，我长了许多见识，以后我还要多独立购物。

教师评语：这次购物就当做积累经验吧！"独特"的顾客在京客隆超市格外扎眼，但买东西找购物的区域、看生产日期、挑品牌的样子可像个老手，能活学活用！妈妈让你带着目标去购物有如列了购物清单！你的首次购物——成功！

三、使学生了解购物的文化，培养好的购物习惯

在图2中我们还看到了学生关注售后和服务——耐心、爱心、公平，这就是深入了解超市所带来的变化。

图2 售后服务是质量的保障

学生将各科的知识融入超市的设计中，如音乐、美术、语文、数学等知识。从图3的图标中我们还看到了学生对人文的关怀和期盼。

图3 学生在设计超市时关注了音乐在交易中的重要性

第一次购物

周六早上，妈妈正给我听写单词，因为着急我写错了字母，左手急忙去够橡皮，没想到右手把笔帽按断了。那支笔可是我心爱的"宝贝"啊！

眼泪一下子从我眼眶里冒了出来，我哭个不停。妈妈安慰我说："别哭了！你可以去便民超市买502胶。"我听后哭声停止了，立刻跟妈妈说："妈妈，我出去一下，三分钟就回来。"

我疾步走下楼，跑到便民店开始转悠。我想，那支笔可是我的宝贝呀，一定要给它买个最好的胶。我走着走着都快转晕了，从黏性物品又转到了家电类，好不容易才转了回来。我一直以为到了黏性物品区，就等于到了502胶区，没想到黏性物品区除了有502胶还有其他东西呢！那我就挨着边儿一个一个找吧！

502胶的那一层有一元的、三元的、五元的，最贵的是八元的！我为了让笔不再按坏，所以还是买了最贵的！

到了家，我把过程跟妈妈讲了一遍，妈妈夸我说："为了鼓励你，所以这次我帮你粘吧！"

10分钟过去了，我的坏笔又变成新的了！通过这次锻炼，我感觉买东西没那么难，家长还有那么多事要做，以后我一定要多帮父母做事儿！

自己去购物

"午饭好喽！保儿、娟儿、丹丹、辰辰，快快快点！开饭喽！"奶奶端着一盘菜和几个饭碗从厨房里走了出来，同我们一起坐在餐桌旁用餐。

我用筷子夹起了一根豆角，放进嘴里嚼了嚼，不过很快就吐了出来："呸！怎么这么白？""不会的，我尝尝。"妈妈也吃了根豆角，脸色也变了，"对了！我们家没有酱油了，丹丹，妈妈得批改文件，帮妈妈买些酱油回来，好吗？"

"嗯……好吧！"我紧张地点了点头，答道。吃完饭后，妈妈往我手里塞了20元钱，给了我一个飞吻，我便走了。

因为这是我第一次出远门去买东西，所以腿还有点发软，生怕遇到小偷。我把妈妈给我的20元钱紧握在手里，嘴里默背"酱油"俩字，突然，一辆大型卡车从我旁边擦肩而过，我吓得尖叫起来，马路对面就是便民超市了，看着这么多车从我面前疾驶而过，我不由地吸了一口气，灯一变，我快速跑过马路到了对面。

我随着一条彩色的人流走进了超市。我上了电梯，来到地下一层，那里的食物看起来太让人流口水了。我东看看，西瞧瞧，忽然想起还要买酱油，便把这些美味都抛到了脑后，去买酱油，我随后来到了卖调味品的地方，很快就找到了卖酱油的地方，可是酱油的种类太多了，我不知道该选哪种好，就随便拿了一瓶，保质期是两年，比我想的要好很多。我交了钱，还找了三元钱，我抱着瓶子，吹着口哨回家了。路上，我开始幻想回家之后的事情了。

社会实践活动是学生最喜欢的项目，图4展示的就是学生独自到超市购买日用品。

图 4　学生独自到超市购物

❀ 效果反馈

超市就在学生身边，所以学生想研究；超市的研究角度多，所以学生有的研究。学生可根据自身的喜好、兴趣、特长多角度设计自己喜欢的超市图样：有的学生从美术学科的角度设计了自己超市的 logo、自己超市的平面图（有的学生还用到了数学中比例尺的相关知识）；有的学生从音乐学科的角度，对超市的音乐进行了阐述——舒缓、优雅，让人们感觉是在享受生活，享受购物。有的学生从数学学科的角度，对货品进行了分类，进行货币交易。有的学生从英语学科出发，用英文制作超市物品分类图片，帮助大家更清晰、准确地了解并记忆超市物品的英文表达。有的学生从品德与社会学科的角度，提出了超市购物的注意事项，比如选购商品的路线顺序，在运动商品区不能随意动物品等。有的学生从语文学科的角度，真正去独立进行购物，并用随笔的形式记录了自己购物的过程和心理感受。总之，从不同学科角度，每个学生都参与其中，学习兴趣得到提升，学习状态也有很大变化。在交流汇报会上，每个学生都兴致盎然，将自己设计的图样与超市购物的感受与同学们交流，在畅所欲言中更是获益颇丰。

心得与反思

在超市这一主题下学生不是线性地学习，而是将各学科都整合在了一起，学习起来轻松而有趣。知识性的东西掌握起来不难，能力差的学生感觉到学习还需要走进社会，这样才是实实在在的，作文中学生能用我笔写我心，真实感人。在超市的设计中，学生把各学科的看家本领都拿了出来，非常有意思。学生在体验超市购物时，也明白钱来之不易，钱是通过自己辛勤的劳动和汗水挣来的，所以他们会很认真、仔细地挑选他们最需要的东西，这样能够培养学生不乱花钱的好习惯。更可贵的是，当学生在超市购物时，遇到超市服务人员能使用礼貌用语与人进行交谈，比如您好、谢谢、再见等。这样能够培养学生在日常生活中最基本的交际能力，学会购物时的礼仪，扩展学生在语言方面的发挥空间。

过程中我们也关注到一些不足之处。

1）超市这一主题下的综合学习在空间上有局限性，主题还可以更开放一些。

2）各班的落实期不够统一，各班参差不齐。

3）全年级共同交流的时间偏少，和而不同固然好，资源共享更重要。本次活动到期末因各种原因没能有一个全年级形式的整体展示，很多学生好的作品只能在班级范围进行展示，因此在宣传方面还需要再下工夫。综合学习的课程需要不断强化。

车

姜　茜、慈建芳

姜　茜、慈建芳

 研究时间

2010～2011 学年度第一学期

确定主题的缘由

北京第二实验小学校长李烈说，遵循学生发展的基本规律开展主题学习，是设置"主题研究课"的重要目标。因此，从学生兴趣出发，选取适合本年段学生年龄特点的主题，是主题研究课顺利开展的关键。经过学情调查，三年级学生对于形象直观的事物研究有着浓厚兴趣，由此我们初步确定本学期研究主题为具体形象的对象。首先我们以班级为单位，申报学生最感兴趣的五个主题，然后全学年根据各班汇总上来的 70 个主题，遵循集中性和可操作性分析，最终确定了本学期年级大主题——"车"。

 研究目标

1）培养学生对"车"这一主题研究的兴趣。

2）引导学生多角度、多面向、立体化、多元化的思考，逐步构建出"宽而融"的系统思维。

实施过程

一、制定任务单

主题研究课既要体现对主题的理解，又要体现发展性的研究过程；注重团队

合作，合理分工，共同开发。因此我们制定了任务单，包括以下几个模块——我研究的小主题、我的合作伙伴及分工、研究方法、学科、收获和感悟。任务单贯穿始终，学生在研究过程中逐渐填写及完善。三年级主题研究课——"车"的任务单见表1。

表1 三年级主题研究课——"车"的任务单

班级：		姓名：				学号：			
我研究的小主题									
我的合作伙伴及分工									
研究方法（打√）	搜索资料		问卷调查		调查报告		研究报告		
	参观访问		小制作		小实践		小发明		
	其他（请写明）								
学科（打√）	语文	数学	英语	体育	音乐	美术	科学	劳动	品德	心理健康
收获和感悟	知识方面								
	交往方面								
	其他								

任务单的使用对研究起到了辅助和推动作用。小组的研究有模有样，每次主题研究课，指导老师都会针对小组的研究做出点评，给他们后面的研究提供方向。

二、设计流程

设计流程：学生自由申报主题，初构思维导图—每班推选五个主题，上报年级—学年确定大主题——"车"—学生独立制作"车"的思维导图，并确定本学期与"车"有关的小主题—制作小主题的思维导图—形成小组，研讨、分工、确定研究方法—小组合作研究—小组汇报—小组改进—班级汇报—学年汇报。

三、主题的选择与确定

（一）年级主题的确定

引发学生从生活中发现问题、思考问题，培养学生的思维方式和创新能力是主题研究课的培养目标。因此，在确定主题过程中，我们分为三步走：①让每个学生根据自己的兴趣与观察，自由申报主题，初构思维导图。②全班展示，并投票推选出各班最想研究的五个主题。③根据各班汇总情况，确定一个关注度最多、可行性较强的内容作为年级大主题。由此，本学期学年主题——"车"应运而生了。

（二）个人主题的确定

确定主题后，下一步如何开展？遵循全员参与与个性化学习的理念，老师鼓励学生大胆提问，实现多形式、多范围、多维度对话，引导学生拓展思维角度，引领挖掘二级、三级思维导图，加大研究深度。具体做法：确定一级模块为"学科分类"，二级模块是"学科分类"下发散思维、拓展能力的思考角度，三级模块是二级模块下的进一步细化。在老师的带领下，学生再画思维导图，找到关于"车"在各个学科及细化当中涉及的研究内容。最后，年级统一绘制一张思维导图，电视台讲解。受此启发与引导，学生的思路逐渐开阔，最终确定学生个人本学期的研究小主题。

在老师的指导下，这些主题都是以问题的形式呈现的，比较有研究价值。

四、查找资料

有了研究主题，学生开始从各个角度查找相关的资料。经过走访调查，发现"书""网络""询问家长""生活实践"是学生选择的主要方式。

在查找资料过程中，学生从无序到有序，从资源稀少到逐渐丰富，从形式单一到形式多元，越发有条理。有的学生甚至把资料订成了一本书，可谓收获不小。

五、小组动手实践研究

主题研究课以团队合作的方式开展研究，分工明确，协同作用，是我们事先提出的明确要求。因此，相同主题的学生组合成了小组，开始了他们的实践之旅——动手制作模型、整理资料、画设计图纸、制作小报、制作 PPT 等。现以"汽车内部构造"研究小组为例进行分享，详见图 1。

图 1 是汽车内部构造小组在研究之初确定的研究目标，以及使用的研究方法、成员介绍、研究时间。学生确定自己本学期研究的小主题后，相似主题的学生结合成小组。

图 2 是汽车的内部构造小组设计的思维导图。学生将学科（如语文、数学、科学等）作为一级分类；将各个学科之下会展开思考的角度作为二级分类、三级分类，并制订研究方案。

研究主题——汽车内部构造

研究目标	研究方法	小组成员	研究时间
探究汽车内部构造，学习研究方法，将学科知识应用到研究项目中	参观博物馆，绘制思维导图，查找并筛选资料，小组讨论，总结归纳，小组汇报	小元、小陈、小为	三年级上学期

图 1　根据选题兴趣形成研究小组

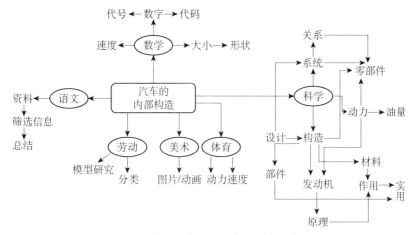

图 2　学习思维导图，制订研究方案

图 3 中的学生在研究过程中收集、整理资料，深入了解汽车的主要内部构件工作原理，制作一级思维导图，并简要阐述功能。

学期主题研究课接近尾声，学生以小组讨论的形式反思研究收获，形成总结，具体内容见图 4。

六、分享展示

在班级的展示中，每个小组的成员都上来进行了汇报，分工明确，有研究的成果，有模型的解读。在展示中，老师和学生都会为小组提出好的建议，使得他们的问题解答得更加清楚、完整、有说服力。有的小组展示后调整，再展示，再调整，反反复复几个回合，学生对解决一个问题可以从哪些方面去思考逐步形成了自己的认识。班级展示后，学生还自由评价和质疑，最后选出一组在全年级进行汇报展示，重点突出研究中的亮点。

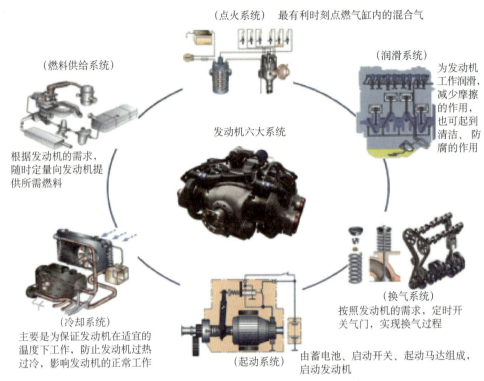

（点火系统） 最有利时刻点燃气缸内的混合气

（润滑系统） 为发动机工作润滑，减少摩擦的作用，也可起到清洁、防腐的作用

（燃料供给系统）

根据发动机的需求，随时定量向发动机提供所需燃料

发动机六大系统

（冷却系统）
主要是为保证发动机在适宜的温度下工作，防止发动机过热过冷，影响发动机的正常工作

（起动系统） 由蓄电池、启动开关、起动马达组成，启动发动机

（换气系统） 按照发动机的需求，定时开关气门，实现换气过程

图 3 分析整理资料，形成阶段成果

小组收获

1）我们懂得了主题研究是个长期作业，所以要利用好有限的时间，规划好任务，做好分工，主题研究才能按时完成。

2）我们学会了从不同渠道查找资料，包括网络下载，到图书馆查找书籍和资料，咨询老师、爸爸、妈妈等。

3）找到资料后，大家一起认真阅读学习，我们学会了筛选有用信息，还学会了绘制思维导图，帮助我们分析整理，归纳总结。

4）我们在研究过程中，也发生过意见分歧的情况，但是我们小组成员都积极想办法，大家一起商量、讨论，每次都能愉快地解决问题。

5）我们更加懂得团队合作的真正意义，大家一起努力，一起合作，才能更好地完成任务。

6）我们发现，我们都特别喜欢这样的自主学习方式，在一种既严谨又轻松的氛围中度过了愉快的学习时光。

图 4 研究学习尾声，总结研究收获

七、总结汇报

在学年总结汇报中，虽然每班只是一个小组的学生在年级展示，但是这个过程集合了全班学生的意见和智慧。其他学生为汇报小组提出建议，使得研究角度更加完善。与此同时，观看年级汇报总结，让学生开拓了视野，这更是很好的学习。

效果反馈

一、教师反馈

（一）主题研究过程中，我们扬长促短

年级汇报上，各班学生的汇报异彩纷呈，这些精彩源于什么？是简单的灵光一现，还是有其必然？这源于学生的智慧。他们有理想、爱幻想，于是就有了未来汽车的构想，他们爱实践，就有了环保小制作。五花八门的背后，我们看到了学生的研究热情和研究深度。这就是智慧，就是成长。这源于教师的智慧。教师开始引领着学生在做，但到了后期，学生的问题越来越多，角度越来越丰富。教师开始查资料，求助他人才可以帮助学生。这是我们没有想到的地方。这源于大写的人的培养。开始研究时，有些学生喜欢独处，认为这样动作快，不受他人的约束。渐渐地，当学生发现与他人交流有好处时，就不自觉地加入小组，当小组人满时，又开始寻找新的援助。就在这样的调整变化中，增长的不仅仅是知识更是求知的体验和交往能力的提升。

（二）全科教学下，广度与深度并行

主题研究课体现着全科教学、思维整合，学生结合生活实际，以参与求体验，以创新求发展，根据兴趣结成小组合作研究，寓学于乐，感悟研究之乐趣。三年级主题研究课的主题确定与实施过程，是基于教学目标和学情展开的。通过一个学期的合作研究及深入探索，学生经历了有趣的研究过程，形成了有价值的研究成果。一个学期有关"车"的主题研究课，从广度上注重丰富的相关知识，从深度上注重启发理性思维。学期研究有计划、有内容、有重点、有活动、有任务，学生对此很感兴趣，老师也从中获得灵感和成长，是一个教学相长的过程。一学期的主题研究课虽已接近尾声，但是学生研究的兴趣与思绪仍在继续。相信这将是下一学期另一个主题更加科学、有序、宽而融、专而深研究的开始，我们准备而期待着！

（三）学习方式转变，引发思考方式转变

学校主题研究课是致力于将"窄而深"的学习方式改变成"宽而融"的学习方式。在三年级的主题研究课上，首先要让学生感知这种学习方式带来的思考方式的改变；其次，学生选择喜欢的主题进行研究，体现了学习兴趣和探索能力。在整个研究的过程中，三年级的学生对"车"这个主题有很多的思考，并且提高了学习、探索的兴趣，这是很重要的，因为有了兴趣之后，学生便会萌生出探索的愿望，形成后期高年级主题研究使用多种研究方法、进一步探究的愿景。

（四）平台之上，彰显教学相长魅力

我觉得这次主题研究课不光为学生提供了更广阔的平台，更多的视角，同样也考验着老师自己的功底和知识储备，是一个教学相长的过程。学生在得到锻炼、展示才华的同时，老师也在知识、能力方面得到了提升。有了这次经验，相信今后我会更加从容地开展主题研究课，给予学生更多、更有帮助的指导。

（五）预设与反思，教师主题研究课中巧用三段式

学期之初，老师心中的确有许多疑问，也形成了许多预设。随着主题研究课的开展，每次课前的小组教研为我解答了困惑。自身在参与、指导过程中也有了观察和感受：学生在活动中，就一个问题的思考角度开阔了；学会了一些解决问题的方法，如"5W"和"1H"①，以及收集数据、比较分析、查找资料、模拟演示等研究方法；同伴之间的学习合作、交往和交流的愿望与能力得到提升；对所研究问题的自主性大大增强，等等。

二、学生反馈

1）我们一起制作小模型，能找到不同的方法来解决问题，和不同的人沟通来解决问题。

2）我们要分工合作，分配工作要合理、细致、团结友善，不要以自我为中心。我们一面完成自己的工作，一面可帮助其他人，互相学习，取长补短，小组合作要有责任心。

3）我学会了讲诚信，答应别人的事情要努力做好。当遇到不同观点，要听取别人的建议，和别人沟通。如果做得不好，不要垂头丧气，要继续努力。

---

① 这是一种科学分析法。"5W"是 5 个英文单词首字母的缩写——who（谁）、what（什么）、where（哪里）、when（什么时间）、why（为什么）。"1H"指 how（怎样）。

三、家长反馈

主题研究课不仅在校内丰富、活跃地开展，在学生家中也掀起了不小的波澜。学生研究的兴致大大感染了家长。因此，家长或亲自指导，或帮助查找资料，或带孩子二次走进"汽车博物馆"，或作忠实听众与学生共同成长，等等。如下是一些家长的反馈：

1）学生从中了解了关于车的知识、车的来历、车的种类、车的功能，以及排放的气体给人类带来的环境影响，并且从中发散思维，创造车的造型和功能，收获很大。

2）主题研究课在培养学生发散思维方面很有帮助。总体感觉在逆向的"集成"和横向的"关联"，以及各主题纵向的逻辑等方面可以加强和补充，是为继续研究提供的一点建议。

3）年级主题研究课以"车"为主题，从多个学科角度启发学生进行综合研究，对培养学生综合研究能力很有帮助。学生很喜欢主题研究课，首先，学生课前的准备十分充分，查资料、问问题是一个知识增长的过程。其次，学生回家反映课上研究讨论很激烈，兴趣很高，学生都很喜欢。

4）年级主题研究课的主题是"车"，学生都很感兴趣，积极参加的同时也学到了不少知识，学生之间的团结协作也更好了。

5）能够从小培养学生对于一件事情或一个主题各种资源间的对话和元素综合能力。

 **心得与反思**

一、从可操作层面总结两点不足

（一）思维导图的循环反复利用

主题研究课程开始，年级统一讲解思维导图的概念、使用方法，结合往年研究的具体案例让学生和老师对思维导图有感性、直观的认识和理解。学生在理解的基础上完成自己的思维导图，形成小组思维导图。

年级主任对全年级上交的思维导图进行梳理，同时，各学科老师完成该主题的思维导图。反思：此时可以请学生对年级思维导图进行思考，比较自己的思维导图和年级的思维导图，思考自己的收获和如何再扩展，并将再扩展的意见整理、反馈给年级。通过这样的过程，学生既可以深入理解，又能够提高发现的兴趣。

寻找自己感兴趣的小问题，并就该研究主题进行思维导图设计。反思：此时思维导图可以围绕"5W"和"1H"展开，以便将来在研究中进行系统的研究。将主题细化成具体小问题，便于小组分工合作。

（二）任务单的利用

学生根据任务单，自行思考该研究将如何进行，然后依次汇报自己的研究主题题目，相同主题自愿结合成一个小组。小组讨论结束后，任务单上应该完成的是研究主题（围绕着"5W"和"1H"展开）、小组成员、主题与学科的关系、小组成员的分工。学生利用课上或课后时间进行研究后的主题研究课，课上小组成员内部可就自己的研究进展进行汇报，并且将研究内容撰写在任务单上。班级汇报开始时，每个小组上前汇报之前，任务单要先上交给评委老师，任务单上的内容填写占50%比重，另外50%是成果汇报。最后，根据效果，其他学生和评委老师共同投票选举最能代表班级的小组进行年级汇报。

二、反思三年级主题研究课

（一）多元化

这次主题研究课将各科内容融合为一个主题，也可以理解为围绕着"车"进行各个学科的综合实践。就拿数学来说，学生围绕着"车"提出了以下问题：速度、时间、路程的关系，车的大小、重量、三视图等。问题丰富多彩，有很多都是出乎意料的，可见学生潜能无限。不仅如此，各个学科都有诸多问题，所以围绕着这个主题形成了"球"形认识。

（二）合作化

小主题繁多，学生依据自己的喜好组成小组展开研究。但是兴趣相同并不意味着合作愉快，在合作过程中学生有很多时候出现争执，怎样引导他们处理意见不同的问题？对教师而言也是一种挑战。老师方面也有合作，两位老师共同指导一个班级，怎样衔接，怎样分工，这也是合作的技巧和艺术。

（三）个性化

即便是同一主题，学生的想法也不一样，呈现的形式也不一样。有的用文字，有的用图画，还有的图文结合。汇报的时候，学生呈现的形式各不相同，展示了各自的风采。

三、对于"主题研究课"，校长以一个"人"字给出形象的解答

学生的成长规律就浓缩在这个最简单却最意味深长的"人"字上。左撇是认知发展，主要在求学过程中完成，而学习的关键在于使学生"学会求知"；右捺是个性社会化发展，离不开人与人之间的交往。"主题研究课"这个独特的课程教学生学会思考、学会交往，为学生健康成长和全面发展搭设了平台。

其一，"思维导图"映射出奇妙世界：引导学生利用"思维导图"的方式从各学科视角发现探究主题研究的途径和方法。通过制作"思维导图"，发现学生的思维世界是丰富多彩、奇妙无比的。那些枝枝杈杈的总目标与分层目标，是那么富有逻辑和想象。这是两年多来学生带给我的惊喜。

其二，鼓励合作，鼓励发现，鼓励探究：主题研究课让老师从学生的兴趣出发，更加重视学生的全员参与和个性化学习，学生"自行小组结合"，几个"志同道合"的小伙伴在一起，研究"车轮""车的起源""车与生活"等内容。

其三，教师退出，让学生成为研究的主体：让学生成为"问题"的主体，学生学习的积极性和主动性被大大激发。

爱因斯坦说，提出问题比解决问题更重要。"车"的主题让学生积极主动地进入了探究的领地，成为主题研究课的"主角"。

船

裴 菊、赵伟然

研究时间

2013～2014 学年度第一学期

确定主题的缘由

  三年级学生已经具备了一定的独立自主能力，对社会也有了初步的认识。因此，老师决定让学生自己确定这次的研究主题。通过班级、校级的多次海选，我们最终把研究主题确定为"船"。

研究目标

1）通过对"船"丰富内涵的研究，了解"船"背后所蕴含的文化。
2）明确同一研究主题可以从不同角度进行研究，培养良好的思维方式。
3）通过主题研究课，感受传统文化的魅力，发扬并继承传统美德。

实施过程

一、明确主题，达成共识

（一）学习思维导图的绘制

  通过学生层面的征集、教师团队的筛选，师生共同确定了研究主题——船。在老师的初步引导下，学生开始从多角度进行思考。在年级大课上，年级主任耐心给学生讲解了什么是思维导图，通过生动、有趣的引导激发了全体学生兴趣盎然的联想。

（二）交流讨论

每个学生都积极绘制了丰富的思维导图，展现了独特的思维角度。年级各班纷纷选出具有代表性的导图，先在全班进行分享交流。最后把班级优秀作品推选到年级，通过演播室向全年级放映。不同的角度、精彩的分享，使每位学生受益匪浅。不断的学习、不断的修改，学生的研究越发深入，详见图1。

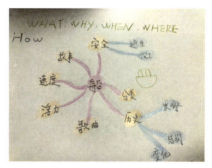

图1　学生独立绘制的思维导图

二、收集资料，丰富内涵

（一）专家到校进行引领

我们有幸请到了船舶专家到校进行讲座。专家从船舶的起源开始，讲到船舶的建造、结构与种类。丰富的知识吸引了在场的所有听众，学生纷纷举手提出许多有趣的问题：船为什么会浮在水面上？帆船为什么会在风的作用下远航？远洋渔船是如何捕鱼的？等等。通俗易懂、别开生面的讲座，丰富了学生的见识，开拓了学生的思路，详见图2和图3。

图2　船舶专家讲解了丰富的船舶知识　　图3　船舶专家还赠予我们各种船舶模型

（二）搜集资料

学生从不同角度搜集资料，其中包括海洋的奥秘，海洋运输（它是国际贸易的主要运输方式，我国绝大部分进出口货物都是通过海洋运输方式运输的），海洋的宝藏（蕴藏着储量丰富的海洋资源，是陆地资源枯竭后人类的希望所在），船舶的起源（古代，人类用木头、竹子制作原始的渡水工具，经历了各个朝代的发展，船舶的技术不断改进。现在，人类的船舶可以在海洋中畅行无阻），船舶的分类，船舶的建造，中国的海军。

这些丰富的知识，给学生提供了大量的信息，不仅开阔了学生的眼界，在多角度的展示、碰撞的过程中，学生的研究思路更深、更广了。之后，利用主题研究课的时间，学生把资料进行整理汇总，明确自己的研究方向，重新组成研究小组。随着研究的不断深入，学生的兴趣也越来越浓。

三、语文学科与平行选修课相整合的研究

各学科从学科特点出发，结合"船"这个主题，引领学生参与丰富的学习活动。语文学科开展了"国学大讲堂""老师教你写童话""我爱绘本"等活动。形式多样的活动带给学生丰富的体验与想象。

国学大讲堂

教学目标

1）走近以"船"为主题的古诗名篇，在了解时代背景和作者的基础上，吟诵诗文，积累诗文。

2）学会收集诗歌的创作背景，初步感受抓诗眼品味诗歌的意境。

3）通过朗诵汇报这种学生喜欢的方式，表达自己的感情，让以"船"为主题的国学文化根植在学生心中。

教学方法

1）讲解古诗中与"船"相关的诗歌意境。

2）配乐吟诵《早发白帝城》《江雪》《泊船瓜洲》。

3）进行诗歌朗诵指导，吟诵诗歌，表演诗歌。

学生课前参与内容

搜集一些与"船"相关的古诗。

教学过程

一、诗中的"船"

船作为一种水运工具，古代又称"舟"。船的起源国尚无定论。早在公元前6000 年，人类已在水上活动。世界上最早的船可能就是一根木头，人们试着骑到水中漂浮的较大的木头上，从而想到了造船。

据甲骨文、金文、出土实物及古籍记载，当时交通工具不仅有了"车马""步辇"，还有"舟船"。古人常说"舟马劳顿""水陆兼程"，也体现了"舟船"的重要地位。

数千年来，船经历了筏、独木舟、木板船、桨船、木帆船、轮船、螺旋桨到钢质现代船的发展历程，千姿百态的船型、结构、帆装、推进动力反映了人类智慧和创造力的多元化。

古人坐上一叶扁舟，穿行在天水茫茫间，人是多么的渺小；而人在旅途，所见多异乡风物，容易触发无限的思绪。因此，写于船上的诗，或写到关于船的诗，俨然成为一个颇为壮观的部落。

（分组赛读诗句）

姑苏城外寒山寺，夜半钟声到客船。（《枫桥夜泊》张继）

君看一叶舟，出没风波里。（《江上渔者》范仲淹）

移舟泊烟渚，日暮客愁新。（《宿建德江》孟浩然）

李白乘舟将欲行，忽闻岸上踏歌声。（《赠汪伦》李白）

……

追问：你眼前看到一条怎样的船？

诗人借"船"想表达什么情感呢？带着这个问题，让我们一同走近诗人，走进诗歌里的故事。

二、一首诗、一个不为人知的故事

（一）"船"上的"自由"欢快

中国古典诗歌中"船"意象的典型内涵是"自由"，让我们一起回顾二年级学过的诗歌《早发白帝城》。

1. 诗人和背景

唐代"诗圣"李白是大家再熟悉不过的诗人。谁能谈谈对他的了解？

2. 诗文赏读

乾元二年（公元759年），人生已到末年的李白行至巫山，朝廷因关中遭遇大旱，宣布大赦，规定死者从流，流以下完全赦免。李白经过长期的辗转流离，终于获得了自由。他随即顺着长江疾驶而下，这首著名的《早发白帝城》最能反映他当时的心情。

朝辞白帝彩云间，千里江陵一日还。两岸猿声啼不住，轻舟已过万重山。

译文：清晨，朝霞满天，我就要踏上归程。从江上往高处看，可以看见白帝城彩云缭绕，如在云间，景色绚丽！千里之遥的江陵，一天之间就已经到达。两岸猿猴的啼声不断，回荡不绝。猿猴的啼声还回荡在耳边时，轻快的小船已驶过连绵不绝的万重山峦。

3. 背景故事

唐诗之美在《早发白帝城》的那一叶瞬息过万山的轻舟开始，从白帝城满天彩云开始，然而在"轻舟已过万重山"的后面隐藏着李白的心酸和恐惧。

因此，在李白的眼里，白帝城上空，满天是彩云。赶紧掉头回江陵去，千里的距离只不过是一天的行程；两岸的猿声是为诗人的幸福欢呼，万重青山只是为轻舟记录速度的一个数据。

积蓄了多少苦难，才换来"千里江陵一日还"和"轻舟已过万重山"的飘逸和畅快。最轻快的诗句却源于最深重的苦难，用了多少辛酸的血泪来为诗人的成就买单。

4. 扩展诗歌

此外，在诗句中借船表达"自由"之意的还有：

钓罢归来不系船，江村月落正堪眠。纵然一夜风吹去，只在芦花浅水边。（司空曙《江村即事》）

独怜幽草涧边生，上有黄鹂深树鸣。春潮带雨晚来急，野渡无人舟自横。（韦应物《滁州西涧》）

（二）"船"上的"漂泊"孤寂

与"自由"之感相对，中国古典诗歌中"船"意象的另一典型内涵是"漂泊"。诗歌中用以表现"漂泊"之感的意象很多，如浮萍、飞蓬、孤雁等，"船"则是表现这种情感最为常见的意象之一。

唐宋八大家之一的柳宗元在《江雪》这首诗中，借助"孤舟"等景象表达了强烈的孤独漂泊的感情。

1. 走近柳宗元

你是否能用一两句话简要介绍他？（学生交流互动）

2.《江雪》赏析

（1）自由诵读

千山鸟飞绝，万径人踪灭。孤舟蓑笠翁，独钓寒江雪。

（2）交流

哪些地方能体会到诗人漂泊时的孤独？小组交流，指名汇报。

（3）指导品析

3. 扩展诗歌

此外，诗圣杜甫诗中借"船"表现漂泊之感的意象出现得极为频繁：

细草微风岸，危樯独夜舟。星垂平野阔，月涌大江流。名岂文章著，官应老病休。漂漂何所似，天地一沙鸥。（《旅夜书怀》）

昔闻洞庭水，今上岳阳楼。吴楚东南坼，乾坤日夜浮。亲朋无一字，老病有孤舟。戎马关山北，凭轩涕泗流。（《登岳阳楼》）

杜甫经历了唐朝由盛而衰的巨大转变，晚年在四川、湖南一带漂泊达 11 年之久，最后病死于自潭州赴岳州的一条小船上。船是他晚年最常用的交通工具，也成为他最终的归宿。他在诗中反复写到"船"意象，"危樯独夜舟""老病有孤舟"，船是诗人漂泊身世的象征和写照。

老师教你写童话

教学目标

1）继续学习运用童话这种文学形式，表达学生对"船"相关知识的积累，以及对课程中各种活动的观察、体验、感受。

2）继续学习运用"对话故事"的方式创作童话。

3）继续激发学生阅读童话、创作童话的兴趣。

教学重点、难点

继续学习运用"对话故事"的方式创作童话。

教学过程

欢迎大家来到我们的童话俱乐部，和老师一起学写童话。

一、谈话导入

你们想写一个怎样的童话故事？

同学们都看到了，我们的选修课引起了海洋世界各种船只的议论纷纷，他们可都希望成为你童话故事的主人公呢！那你们有没有想好，打算写一个关于"船"怎样的童话故事？

（两三个学生散说）

老师启发：昨晚，好好老师坐着"宇宙能动力飞船"，穿越黑洞，参加"宇宙童话论坛"的时候，某星球的绿毛头先生告诉我确定这样的童话"写什么"的小秘诀。想听的举手！

（一）科学童话

刚才好好老师说的，宇宙能动力飞船、黑洞，这些词语都不是瞎编的，"黑洞"已被现代物理证实，而"宇宙能动力飞船"则是科幻小说的神气飞行器。所有的科幻小说都不能凭空捏造，都是建立在一定科学基础上的。

你们谁是船的科普迷，知道好多船舶知识？真了不起！

你们就可以尝试写一写"科学童话"，把你知道的关于"船"的科学知识，通过故事告诉大家。

学生说说自己的写作内容。

（二）生活童话

你们喜欢我们这学期的综合大课吗？用一个词概括一下你的感受？（鼓励学生谈自己明白的道理。）

你们愿意把这样的感受、明白的道理，用一个有趣的小童话告诉大家吗？

二、童话故事怎样写才吸引人

好好老师相信，来到我们这个基地的同学，每个人都有一个特别好的故事，对吗？可是，谁现在就有把握说：我写的故事大家一定都喜欢！（看看零星举起的手就知道，没信心是吧？）

那么，我们的故事怎样才吸引人呢？我们有两个秘诀。

（一）有趣的主人公

同学们说说，这回你们故事的主人公都是谁？想象一下：他们会发生怎样有趣的故事呢？

小结：所以呀，确定好主人公以后，想象的大门就打开啦，同学们可以在里面自由翱翔啦。

（二）神奇的对话故事

经常读童话的同学都知道，很多童话里都有大量的对话，这样写文章与同学们喜欢的"流水账"文章比起来，有什么好处？（加入人物的动作神态更方便、生动、具体、有趣地表达情感、特点。）

三、片断练习

（一）全班指导一名学生边演边练习

谁是最勇敢的学生，愿意把你故事中最精彩的一段情节"演说一下"吗？

（通过演习让学生模拟人物的语言、动作、神态，在演习中深入体验。）

（二）学生自己练习

（三）再找两组学生展示

效果反馈

各班从不同角度汇报研究成果，具体内容如表 1 所示。

表 1　研究成果

船的历史	4 班：船的发展史、轮船的设计与构造、船的防水性、船上的救生设备、船舶的动力
	5 班：重点研究了航空母舰、船的发展史
	2 班：对"打捞船"从用途、类别、历史等方面进行了研究
	3 班、10 班：介绍了船的起源与船的创造者
	15 班、16 班：介绍了船的历史与发展，追本溯源
	11 班：研究了古今闻名的海盗船与海盗船长
船的种类、结构	7 班、14 班：轮船的设计与构造、船的防水性、船上的救生设备、船舶的动力
	17 班：介绍龙舟比赛的赛制与龙舟模型的结构
	13 班：从物理学浮力、载重、结构力学等方面进行了汇报
制作船舶模型	1 班、6 班：学生本着绿色环保的理念，用废品自行制作了许多种类的船舶模型
	8 班、9 班、12 班：学生对于船有着属于自己的想象，在现实与科学的基础上，设计了属于他们自己的未来之船

心得与反思

一、教师层面

在此次活动中，学生深深感受到自己是学习的主人，感受到同一主题可以从多个角度进行研究思考。

老师和学生通过聆听专家的引领，对"船"产生了浓厚的兴趣。学生认真记录着，深入思考自己的研究主题。许多老师和学生组成研究小组共同讨论，师生共同成长。

通过此次活动，学生以班级为单位向年级展示了自己的研究成果。激发了学生的兴趣，为学生创造了更多交流、沟通的机会，在思维上起到了"1+1>2"的效果。

在思维导图的基础上，根据各年龄阶段学生的接受情况，思考如何进一步深化思维方法和思维能力训练，提高学生发现问题、认识问题和解决问题的能力。

二、学生层面

谈谈我的感受，主题研究课——船

三年级 1 班　之行

当我知道本学期主题研究课的主题是"船"时，我十分开心，因为我对"船"可是有许多了解的。

在上学期研究"节日"时，我们小组研究的主题是"端午节的龙舟"，我们还自己动手制作了龙舟。这学期，我打算和我的朋友一起制作更多的船。经过我们的努力，到了期末，我们用纸模制作了航空母舰，用乐高制作了巡洋舰，还得到了老师和同学们的赞扬，还代表班级在年级汇报。

在最终汇报的时候，我们除了自己展示以外，还认真倾听了其他同学的汇报。原来有关船的知识可不止制作船这么简单，其他组同学还研究了"船长与船员""史上著名海盗与海盗船""有关船的小故事""船里的数学"等，真有意思。

虽然汇报结束了，但我和我的朋友们会继续研究有关"船"的知识。同时，我们也期待下学期的主题研究课，希望可以更好地参与其中。

主题研究课——航空母舰

三年级 6 班　和雅

船是重要的水上交通工具。平时同学们最常接触到的就是去公园划船、外出旅游时坐过的游轮和快艇等。这学期我通过上网查资料及实地参观了解了更多关于船的知识。根据功能不同，船也各式各样，如游船、渔船、渡船、救生艇、破冰船、巡洋舰、驱逐舰、航空母舰等。其中，我最感兴趣的是航空母舰，我和哥哥还亲自动手制作了一个航母模型，我知道了航母主要是由动力系统、控制系统、武器系统、电气系统等组成的；此外，我还阅读了与船有关的历史故事，比如曹冲称象、刻舟求剑、草船借箭；观看了经典的《泰坦尼克号》；我还知道了许多与船有关的词语，如刻舟求剑、破釜沉舟、同舟共济、船坚炮利、泥船渡河、车载船装、顺风使船、船到桥头自然直、舟中敌国等。

目前，世界上共有 10 个国家拥有航空母舰：美国、法国、英国、俄罗斯、意大利、西班牙、巴西、印度、泰国、中国。其中，美国拥有世界上最多的和最大的航空母舰，其他国家的航空母舰比美国的都小得多。

航空母舰是一个非常复杂的工程，中国航空母舰现在依旧处于起步阶段，中国拥有自己的国产航空母舰还需要很长时间。

有趣的汇报

三年级 14 班　沐尧

这周四，我校三年级举行了一次有趣的主题研究汇报展示。一开始，因为时间不够，所以只好从 14 班开始就不能上台了，真够惨的！14 班就是我们班！那个周四听的内容，在这个周日想起来还大有收获呢。

首先是三年级 1 班，他们讲得可好了。第一小组讲船的历史。他们说了，船的历史可丰富呢！首先，人类创造了独木舟。然后经过进步，成为坚固一些、大一些的车船。后来人类利用瓦特的蒸汽机原理成功制造了蒸汽船。最后是普通的柴油机动力船等。第二小组呢？那真是太奇怪了！西班牙打造了一支"无敌舰队"！"无敌舰队"真的很厉害，终于，西班牙决心向英国皇家舰队挑战了！结果很明确——英国皇家舰队数量少，一定会输。不过事实并非如此！英国靠先进的大炮和其他武器胜利了。

再说说三年级 3 班吧，他们在陶然亭公园举行了划船大赛呢。有两队——妈妈队，爸爸队。"看啊，爸爸队明显占上风！"我听着三年级 3 班同学绘声绘色的描述，都能想象出当时的情景呢。

海中之王，或者说"最受欢迎的船"要数航空母舰了！它不仅仅是海上霸王，还是同学们讲得最多的一类船。同学们有这样讲的，航空母舰战斗群厉害极了！也有这样讲的，船员的衣服可丰富了！还有这样讲的，同学们，航空母舰上还能停飞机呢！最后，"未来的船"把我迷住了：它要安全，要好玩儿，要节能，要环保，还要充分利用太阳能。哈哈，恰好我也这么想！

尽管这些知识让我头晕眼花，但我还是觉得有收获，收获了许多知识。透露一个小秘密：其实呀，在写这篇小文章时，我还真有点儿烦，真有点儿不想写呢！

关于主题研究课"船"的学习体会

三年级 6 班　小然

今年研究课的主题是"船"。确定主题的时候，我们全班同学都积极参与，出谋划策，争论得很激烈。大家兴趣广泛，众口难调，但由于"船"最引人注目，最后脱颖而出。我很喜欢船，特别是和爸爸、妈妈在公园里划脚踏船、划电动船时，特别向往"小娃撑小艇，偷采白莲回"。每次看到船尾波光粼粼，不由地就想起"不解藏踪迹，浮萍一道开"。

刚开始，几位和蔼可亲的专家举办了精彩的讲座。有的讲，船为什么会浮在水面上。有的讲，帆船为什么会在风的作用下远航。有的讲，船的种类和结构。这些知识非常有趣。有些知识有点难，但专家们讲得通俗易懂，别开生面，而且特别会引导。我总是盼着上研究课，希望学到新的知识。

我记忆最深刻的是思维导图。这就像一个"百宝箱"。以"船"为中心，向外不断地辐射，就会不断地扩大与船相关的知识内容，思维也就很快有条理了。比如，我喜欢音乐，那就会有与船有关的音乐。想到语文，就会有"赞美船的诗，或者自己写一首关于船的诗"。想到数学，"最大的、最长的、最轻的、最快的"这些形容词就像水一样流进了我脑子里。同样，想到英语、体育、科学、历史、拳术，都会有与这些相关的不同主题。思维导图真有用，是一个能点石成金的"魔法棒"。

最有意思的是做船模。同组的王勇凯和常尊赫用 logo 来拼船。费腾自己动手做船模，还买了很多模型。我和陈和雅搜集破旧纸盒子，分别做了小木筏。班里的同学，每个小组都很有特色。比如，有的展示打捞船、豪华游艇；有的讲船的历史、谁发明的船、哪个国家最擅长造船；有的讲邮轮、军舰、航空母舰。有位同学讲，世界上最大的邮轮有三个"泰坦尼克号"那么大，一百多米高。有的小组还做了幻灯片，充分展示学习成果。有的小组还代表全班在年级汇报，为班级争光。

我是小组长，组织大家围绕主题开展研究，督促做模型、搜集资料和制作幻灯片。我查了《汉字图解词典》，发现一个很有意思的现象。词典里与船有关的字一共有 13 个，归在"交通"一章里。第一个字是"舟"，象形字，就是画出来的"一艘很小的船"。"船"是"会意字"，左边是"舟"，右边是"水道"，表示顺着水漂着的小舟。其他字的偏旁部首都是"舟"。这些字分别是"船、舶、舸、舰、艇、舢、舨、艄、舱、舷、艚、舵"。每个字左边都画了一艘小船。这些字是不是就像一幅画一样。汉字是老祖宗的发现，真是很有智慧。

我想写一首关于船的诗——《小船的梦想》。小船也要远航，我也是一艘小船，也有自己的梦想。老师讲，这叫托物言志，就像冰心老奶奶写《纸船》。"我仍是不灰心的每天的叠着，总希望有一只能流到我要它到的地方去。"印度有一位大诗人叫泰戈尔，同样也写过《纸船》，"我投我的纸船到水里，仰望天空，看见小朵的云正张着满鼓着风的白帆"。我的梦想——"我希望，等我长大，能加入光荣的中国海军，驾驶'辽宁号'，保卫祖国万里海疆"。

三、家长层面

洒下探寻的种子

三年级 11 班　羽鸿家长

北京第二实验小学一直以来就是素质教育的先锋，积极倡导培养学生"敢于质疑，勇于探索"的创新精神。为了使学生全面发展，学校开展了丰富多彩的教育实践活动，比如体育节、艺术节、读书节、劳动日、小干部竞选等，为每一个学生提供参与的机会，这其中主题研究课的设立就是一大特色，让学生在参与中创新，在参与中发展。通过两个学期主题研究课的实践，我有以下几点感受。

一是主题内涵丰富。在主题的确定上，无论是上学期的节日，还是本学期的船，既离学生的生活不遥远，又能延展出丰富的内容，为学生提供了广阔的思维空间。

二是教学注重启发。主题研究课首先教会了学生围绕主题充分讨论，提出问题，然后再通过思维导图，锻炼学生的逻辑思维能力，最后指导学生如何寻找答案。在这一个过程当中，教师"指导不指令，参谋不代谋，到位不越位"，激发了学生主动探索的欲望，活跃了创新的思维。

三是过程参与性强。学校设计的主题研究课体现了主题确定、过程研究和成果展示三大环节。每一个环节都要求学生积极参与，体现了让学生"自主选题、自主探究、自主创造"的宗旨，学生通过自己动手尝试创造，极大地激发了学生的兴趣和好奇心，有利于突破思维局限，提高创造能力。

每两周一次的主题研究课，为学生播下了勇于探索的种子，创造了一片自主学习的天空，使学生不仅学到了知识，更学到了方法，锻炼了思维和创造力，祝愿主题研究课持续深入地开展下去，越办越好！

关于北京第二实验小学主题研究课的一些感受和建议

三年级 11 班　润宇家长

主题研究课是北京第二实验小学的特色，通过多学科融合的探究性学习来开拓学生的思维，我们一直十分欣赏。三年级下学期的主题是"船"。学生回来，兴致勃勃地和我们讲起了思维导图，介绍了来为学生讲课的专家，还提到了小组合作和研究报告。从思维导图出发引导学生立体地观察事物，在对基础知识有所了解的基础上，进行小组讨论并对感兴趣的课题进行自主研究，最终形成团队研究成果。这样的过程对于学生思维能力、科学精神、学习视野和合作精神的培养都有着重要的价值。作为家长，我们非常认同，也很感激学校的良苦用心。为了推动北京第二实验小学的主题研究课教学，经过思考，我们提出以下不成熟的建议，供老师参考。

1）在引导学生自主吸收知识之外，三年级的主题研究课可以把落脚点放在解决现实问题上。

以"船"这个主题为例，可以让学生通过角色扮演（如扮演各国政要和部门首长），把研究主题与当今世界的现实问题联系起来（如索马里海盗猖獗的问题），通过小组讨论（如"国际峰会"的形式）提出各自立场的解决方案（如经济的、法律的，或各个国家的视角），最终让学生意识到合作可以改变世界，而且自己也是改变世界的主体。

也可以通过观察、采访，发现现实生活中对于各种"船"的现实需求。将发现的需求聚焦到一个可以执行的挑战课题，形成一个具体的问题进行陈述。然后通过小组头脑风暴列出所有可能的创意，不拒绝任何疯狂的想法。选出可能的解决方案，并快速制作模型，形象化地展现出来，如作品发布和演讲。通过这种游戏的方法来启蒙学生的心智，引导学生关注现实。

2）通过主题研究课可以更多地关注当今学生的弱项，强化创新意识和动手能力。例如，提出关于"未来之船"的构想，形成可行性报告，然后进行小组陈述。或者用意大利面或者各种废弃材料来做船，通过小组竞争，提高学生的参与意识。最后再分奖项（如最佳论文奖、最佳表演奖）进行表彰。

3）主题研究课应该鼓励学生自己去图书馆、博物馆、有船的地方去寻找感兴趣的题目，通过实践来搜集文字、图像和论据，形成独立的观点。而不是用搜索引擎简单地寻找一个常识性答案。

再次感谢为学生辛勤付出的老师！

节 日

裴 菊、贾 敏

裴 菊、贾 敏

研究时间

2013～2014 学年度第一学期

确定主题的缘由

"节日"是个多元化的文化元素，它蕴含着丰富的教育资源。它同时也是学生喜闻乐道、非常喜欢参与的一项活动。近年来，由于受多元文化的影响，中国传统美德，尤其对父母的孝心和赡养观念变得淡漠。学会感恩是中华民族的优秀传统，也是一个人的基本美德。教育部发表的《关于运用传统节日弘扬民族文化的优秀传统的意见》，其中明确指出："传统节日中所蕴含的民族文化的优秀传统，是对青少年进行思想道德教育的宝贵资源，把传统节日教育纳入学校的教学活动中，推动民族文化优秀传统进课堂。"我国的传统节日历史悠久，萌芽于先秦时期，成长于魏晋南北朝时期，所孕育的节日活动丰富多彩，是代代相传的宝贵文化资产。本学期各学科教材也都涉及了"节日"相关内容。语文教材中专门有以"节日"为主题的单元，英语学科将会带领学生感受西方万圣节的气氛。数学则要追溯"年月日"的由来。

研究目标

1) 通过对"节日"丰富内涵的研究，了解节日背后所蕴含的文化。
2) 明确同一研究主题可以从不同角度进行研究，培养良好的思维方式。
3) 通过主题研究课，感受传统文化的魅力，发扬并继承传统美德。

实施过程

一、明确主题，达成共识

（一）破题——师生通过讨论明确主题

师：同学们，"节日"是我们生活中非常重要、大家非常喜爱的日子。那你们知道"节日"是怎么来的吗？

生1：纪念日，就像端午节就是纪念屈原的。

生2：中国许多节日都来源于节气，比如清明节。

生3：我们现在过的许多节日是从国外传过来的，比如，圣诞节是纪念耶稣诞生的节日。

……

总结：同学们说得非常好，节日是人类发展过程中长期形成的。

它的产生与天文、历法、数学、风俗活动等有着密切的关系。所以我们也可以从多角度研究节日。

（二）讨论

我们可以从哪些角度研究"节日"呢？围绕这个问题，各学科老师为学生讲解有关"节日"的相关知识，丰富学生的认识。学生不仅认真聆听，还积极思考，并积极和台上老师进行互动。

图1　教师借助思维导图引导学生思考节日的含义及特点

1. 三年级主题研究课任务单

教师首先给学生讲解表格的填写方法。带领学生讨论选择最适合自己的研究方向，并且选择可以与哪些学科进行整合。任务单详见表1。

表 1　学生填写的任务单样张

研究主题								
合作伙伴及分工								
研究方法（打√）	搜集资料		问卷调查	调查报告		小制作		
	参观访问		小实验	小发明		研究报告		
	其他（请写明）							
学科（打√）	语文	数学	英语	体育	音乐	美术	科学	劳动	品德
收获和感悟	知识方面								
	交往方面								
	其他								

2. 节日卡

教师、学生、家长共同设计了一套精美的"节日卡"，详见图 2 和图 3。正面绘制了不同节日的由来，背面有传统成语故事。这套极具收藏价值的卡片将奖励给每个主动参与研究的同学。

图 2　"节日卡"正面

掩耳盗铃

从前有个小偷，想趁黑夜把别人家的钟偷走。可钟太大，他就想用锤把钟敲碎，再拿回家。小偷的锤头砸到钟上，会发出巨大的响声，于是他用东西塞住自己的耳朵，以为别人也听不到声音了，响亮的钟声惊醒了钟的主人，小偷被抓了起来。

图 3　"节日卡"背面

二、收集资料，丰富内涵

（一）民俗专家的专业引领

民俗即民间风俗，是一个国家或民族中广大民众所创造、享用和传承的生活文化。它起源于人类社会群体生活的需要，在特定的民族、时代和地域中不断形成、扩大和演变。由于三年级学生年龄小，生活经验不够丰富，因此，我们请来了有着丰富民俗知识的专家为我们上课。

（二）分类收集各种节日资料

1. 与信仰有关的节日

农时：立春；祭祀：春节、清明。

2. 与百姓生活有关的节日

三八妇女节、五一劳动节、五四青年节、六一儿童节、九月十日教师节、端午节、清明节、中秋节。

3. 大家不熟悉的节日

三月三，也叫上巳节，习惯把芥菜花铺在床上，戴在头上。它是踏青的日子，汉代把三月三定为节日。它是洗澡的节日，去河湖洗澡。它是文人饮酒赋诗的集会。

三、学科中实施

（一）英语学科主题：有趣的万圣节

1. 依据

任何语言的学习都不能脱离对文化的学习，"文化意识"的培养已是英语教学中不可缺少的一部分。《英语课程标准》也明确指出，"文化意识"是综合运用语言能力的一个重要组成部分，是得体运用语言的保证。对小学生来讲，一种新鲜、独特的文化提供给他们一种新的学习氛围。通过日常教学，学生了解英语国家的文化背景和社会风貌是英语课特有的一个知识层面。

2. 目标

与本年级主题研究课的主题"节日"相吻合，创造一个文化语言环境，使学生自觉或不自觉地体验异国的文化氛围，从一个侧面激发他们英语学习的动机。使学生了解万圣节的由来、时间、文化习俗、风土人情，帮助学生了解外国文化。

3. 实施方案

前期准备工作如下：

1）师生共同查阅并收集有关万圣节的资料。

2）教师向学生讲解活动方式，并进行意愿调查、报名。

3）英语教师大胆整合设计了不同主题的活动课。将不同的班级按照研究的项目进行编组，每组大约三个班级。

例如，在骞丽群老师教授的英语课"万圣节食物及万圣节游戏"上，不仅介绍与节日有关的背景知识，如节日的来历、节日的吉祥物及与节日有关的一些活动等，还根据不同主题进行相应的活动。

英语主题研究课教案——《万圣节食物及万圣节游戏》

授课人：骞丽群

教学目标

1）使学生了解万圣节的由来、时间、习俗，感知西方文化节日氛围。

2）认识万圣节相关的人、事、物、歌曲。

3）了解万圣节的食物及简单的制作方法。通过动手操作做"鬼面包"，了解制作方法，激发学生的兴趣。

4）通过参与"咬苹果"的游戏，学生亲身体验万圣节的乐趣。

教学过程

一、Warming up（导入）

Show PPT, the calendar of October.（教师出示 10 月份日历的幻灯片，然后圈出 10 月 31 日这一天。）

T: What festival is Halloween?（谁知道这一天是什么节日？）

预设：S：Halloween!（万圣节！如无学生说出，教师讲解。）

T: Do you like Halloween?（你们喜欢万圣节吗？）

What do you know about Halloween?（对于万圣节，你了解多少？）

二、New lesson（新授）

（一）介绍万圣节的来历

老师介绍万圣节的故事，让学生了解万圣节的时间、特殊物品、人物、习俗等。

1. 万圣节的发源地——爱尔兰及法国北部

2. 万圣节一词的来源

3. 如何传到北美洲

（二）Traditions of Halloween（万圣节习俗）

1. Costuming（服装）

2. Trick or treat（不给糖就捣乱）

3. Jack-o-lantern（南瓜灯）

（三）Special food of Halloween（万圣节食物）

1. Show some pictures of special food of Halloween（展示一些特殊食物的制作方法）

2. 介绍几种万圣节食物的制作方法

南瓜饼、鬼牛奶、鬼面包、爆米花脑壳、饼干鬼……

教学生现场制作鬼面包。

（四）The game of Halloween（万圣节小游戏）

1）介绍"咬苹果"的游戏。

2）Show a basin of water and two apples.（教师拿出提前准备好的一个脸盆，倒入多半盆水，再拿两个苹果放到盆里。）

Call two pupils to play the game.（选择两名学生示范玩这个游戏。）

（五）Trick or treat（不给糖就捣乱）

让孩子们穿上五颜六色的服装，戴上千奇百怪的面具，进行 Trick or treat 的活动，于是不给糖就捣乱的恶作剧就开始了。

三、Homework

1）Tell the story of Halloween to your parents.（把万圣节的故事讲给爸爸妈妈听。）

2）Try to make one or two special food.（动手尝试为家人做一、两种万圣节食物。）

3）Play the game with your parents or friends.（有兴趣的学生可以邀请爸爸、妈妈或朋友玩一玩万圣节的小游戏。）

（二）科学学科主题

科学课上，老师首先生动讲解了月象与月亮的圆缺、二十四节气的相关科学知识。为学生打开思路。然后引导学生进行思考，完成思维导图。

实施步骤如下所示：

1）学生自行查阅资料。

2）分组讨论相关知识。

学生分组讨论、研究、学习有关月象与月亮圆缺的相关知识。在讨论中交换资料进行互相学习，相互讲解，共同进步。

3）反馈研究成果。学生通过查阅资料，深入思考，独立完成了研究小报。

4）体验合作、提升认识。通过小组分享交流，学生的认识又逐步提升，伙伴间的巧妙配合，一张张精心绘制的小报整合在一起，完成了"伟大"而有创意的作品（图4）。

5）继续学习完善。

6）绘制图片、制作模型。

图4　学生展示小组合作的成果

（三）语文学科主题：丰富多彩的课程

从王安石的"千门万户曈曈日，总把新桃换旧符"到王维的"独在异乡为异客，每逢佳节倍思亲"。古往今来，有关"节日"主题引发的文人墨客精神世界中的情感涟漪不知有多少？这些林林总总的有关"节日"主题的诗词歌赋袒露出来的不仅仅是诗人的内心独白，更多的是潜行于作品中、扎根于中国人内心深处的民族文化。中国如此，世界亦如此。

1. 积累有关"节日"的成语、句子和段落

语言是文化的载体，通过让学生在生活中积累有关"节日"的词、句、文，激发学生热爱传统文化、热爱世界、热爱生活的情感。学生通过查阅文献、上网搜集、向家长和老师请教的方式获取自己感兴趣的知识，开拓了视野，增长了知识。

2. 学习古代有关"节日"的优秀文学作品

借鉴古代蒙学读物和古代的诗词、文学作品、神话传说，扩大阅读面。

3. 制作小报

结合"教师节""国庆节""重阳节""圣诞节""万圣节""元旦"等中外节日，提倡学生在假期中制作相关主题的小报。在年级板报、班级板报中进行展览，让学生在切身感受节日氛围的同时，学习节日文化。学生根据自己感兴趣的话题，进行资料的搜集和整理，把自己学习到的知识通过小报的形式与同学分享，这非常有意义。例如，学生都制作了如下节日主题的小报：万圣节的起源或传说，关于传统节日的史书记载，重阳节的旧民俗与新民俗之比较，传统节日的饮食文化，中国与外国节日民俗的比较，等等。

4. 引导学生在随笔中谈主题研究课的感受和收获

"文以载道""歌以咏志"，在参与中求成长是学生开展主题研究课的一个初衷，只有让学生把活动中自己的感受真真切切地写出来，才能真正对他们的内心世界有触动，让他们在活动中烙下"节日文化"的心灵印记。基于这个原因，我们结合语文的随笔让学生把自己在主题研究课活动后的感受和收获及时写下来，第一时间捕捉学生成长中宝贵的"生成"。

5. 有关"节日"服装的制作

通过课内的学习和课外的调查了解一些重大的节日的服装，通过让学生设计服装，制作服装，开展综合实践活动，搭建平台，让学生亲身参与到各地民族节日的习俗中去，亲身感受传统节日的人文魅力。这个活动虽然简单，但是非常有趣，极大地调动了学生的多种感官，提高了学生学习、研究的兴趣。

节日诗歌

语文平行自主选修课教案——朗诵课

教学目标

1）通过品词读句，了解 9 首经典春节古诗的含义。

2）有感情地诵读这 9 首古诗。

3）通过创编班级春节联欢会，培养学生编写串词的能力及组织联欢会的能力。

教学过程

一、品读诗歌

《田家元日》（唐）孟浩然；

《卖痴呆词》（唐）范成大；

《除夜》（唐）来鹄；

《元日·玉楼春》（宋）毛滂；

《除夜》（南宋）文天祥；

《拜年》（明）文征明；

《巳酉新正》（明）叶颙；

《癸巳除夕偶成》（清）黄景仁；

《凤城新年辞》（清）查慎行。

二、诗歌诵读交流

1）选择自己喜欢的诗句诵读给本班同学听。

2）在全班氛围中选择同一首歌诗句的学生进行展示。

三、春节联欢会节目编排

1）剧本编写指导。

2）以"迎接新年"为主题，请以小组为单位，自编一个小品剧本。

3）排练节目。

4）展示。

四、教师总结

五、作业

将自编的小品剧本进一步修改，写下来。

前参内容

1）熟读春节诗歌，选择一首背诵下来，准备展示。

2）思考：我们将举办迎新年联欢会，请以"迎接新年"为主题，选择一个自己感兴趣的内容，为编写剧本做准备。

效果反馈

一、组织相关展览，使学生相互交流

（一）南瓜灯展览

学生设计了各种造型的南瓜灯（图5），异彩纷呈，吸引了许多同学。

图5　学生亲手制作的南瓜灯

（二）海报展览

学生设计的海报各具特色，想象力丰富，而且基本上都是英文，不难看出学生都查阅了资料，下了工夫。

（三）万圣节食物照片展览

由于食品存放不住，学生制作完把所做的食物拍了照片，带到学校与同学进行分享。这次有许多学生是第一次自己动手做饭。学生饶有兴致地为爸爸、妈妈献上自己制作的、既"恐怖"又可爱的万圣节食物（图6）。

图 6　万圣节的食物"鬼面包"

（四）万圣节表演

课上，学生不仅学习万圣节歌曲表演和戏剧表演（图 7），课后还需要以小组为单位进行排练。之后教师将这些表演拍摄成视频。英语课时，播放给各班学生观看、交流。

图 7　学生正在准备万圣节表演

二、不同的学科，不同的研究角度

学生的研究不仅深入，汇报成果交流也是丰富多彩的。有个人作品，更多的是通过小组合作制作节日手工艺品、节日食品，绘制有关节日的小报，展示团队研究成果。

三、节日服装设计大赛更是精彩

节日服装设计大赛（图 8）是学生参与度最高的一个环节，学生积极投入、努力思考并开发各种资源，比赛中学生设计的服饰完全运用环保材料，由学生自己设计并制作，充分体现了学校环保、绿色的理念，全部设计均以绿色地球为主题，有的学生设计的服装展示的是中华民族节日的特色，有的学生设计的服装则是国外的节日。

图8　节日服装设计大赛

 心得与反思

通过本次活动，学生普遍对"节日"这一主题有了比较清晰的认识，开阔了眼界。许多节日本身还是爱国主义教育和民族精神培养的良好素材。激发起学生对节日专题研究的极大兴趣，每一个学生都积极确定了自己的研究主题，为下一步填表、实施做好了充分准备。在活动中，学生还亲自动手制作有关节日的手工艺品、食品等，活动丰富多彩，这激发了学生的兴趣，锻炼了学生动手操作的能力。本次活动是在综合大课活动中的一个新的尝试，因为学校每个月都有带着学生走出去的综合实践活动，而现在我们请相关的专家来校指导，这是一件非常有意义的事情，是对主题研究课更好的一个完善。班主任老师纷纷在微信等互动平台上与家长交流，还要收集更多反馈，跟踪式地开展各班的延续活动，把主题研究课落实到实处。

（一）教师反馈

这次活动是我在本学科教学之外一次全新的尝试，一开始我会对主题研究的内容一片空白，但随着研究的深入，我慢慢地被身边的同事和学生所感染，他们的积极投入、主动思考也影响了我，我慢慢地变得有想法了，而且思路越来越开阔，头脑中的想法逐渐充实起来，翻过头来再去进行研究实践，会觉得得心应手。

教师在分项目开展的课堂教学之余，能够更加系统、全面地了解我国古代、现代的节日，对在后续的有关活动中找到了一个更好的立足点，本次活动在综合大课活动中有一个新的尝试。

（二）学生反馈

综合大课堂之节日篇有感

11月7日，我在综合大课堂听了朱宏爷爷的讲座，学习了二十四节气和春节、元宵节、清明节、端午节、中秋节、重阳节等中国传统节日。

朱爷爷讲了很多关于节日起源、习俗的小故事，可有趣了，如元宵节的猜灯谜、端午节的赛龙舟、中秋节的打月饼、重阳节的去登高等。我最喜欢的是朱宏爷爷讲的一些与节日有关的古诗词，比如王羲之的《兰亭序》。

朱爷爷的讲座激起了我对节日的兴趣，课后我又搜集了一些诗词名句，如"爆竹声中一岁除，春风送暖入屠苏"；"但愿人长久，千里共婵娟"；"遥知兄弟登高处，遍插茱萸少一人"；"人生易老天难老，岁岁重阳，今又重阳，战地黄花分外香"！（三年级11班　小焦）

我精心设计了关于"女王节"的小报，又写又画，忙得不亦乐乎！下课铃响了，我也把"女王节"的由来写好了，同学们也纷纷完成了自己的作品。通过这次活动，我对"女王节"更加了解了，还知道了其他更多的节日，如"火把节""泼水节""笑节""男孩节""女孩节"等，这是一堂很有意义的课。（三年级12班　小周）

（三）家长反馈

大约两个月前，在同学聚会时谈起小学教育的问题。从理念到方法，感叹中美两国基础教育确实存在巨大差异。让我感受深刻也暗地羡慕的是美国小学每个学期都有"Project Research"课程。不曾想这学期北京第二实验小学也开了主题研究课，在为孩子庆幸之余，甚至有种跃跃欲试、想做一番关于节日研究的冲动。

我对主题研究课的理解是，它围绕某个主体不设唯一结论，需要学生自己选择方向，经过搜集资料、研究探索，最后得到自己的答案。主题研究课程开启的是学生自主学习兴趣和创造性思维习惯，锻炼信息收集、提炼、总结的能力，有助于学生从小掌握正确的研究探索方法。"节日"这个主题选得非常好，既容易上手又有足够的内涵和外延供学生发挥、探究。

主题研究课程新颖，学生对这种形式的课程完全陌生，很容易按照作文课的思路去对待，而忽略了选题、搜集资料、调查研究这些过程要求。基于这个担忧，建议每个学生能找到一个老师或者家长作为"导师"，以真正掌握这个新课的全新学习方法。

希望北京第二实验小学"主题研究"这一新颖课程越办越好，为学生开创一个新的学习方式。（三年级11班　小施家长）

校园之 Discovery
——"会说话的石头"

杨 蕊、段川燕、韩 燕

研究时间

2013～2014 学年度第一学期

确定主题的缘由

在第一学期探索新校园的活动中，学生对 100 个成语故事产生了浓厚兴趣，本学期三年级继续以 100 个成语故事作为主题研究活动平台，带领学生进一步走进校园生活，在"立体的书"中学习社会经验，开展"校园之 Discovery——'会说话的石头'"主题研究活动。引导学生综合运用各学科所学知识解决探索中产生的小问号，不断推进学生对自然、社会和自我之内在联系的整体认识与体验。

研究目标

1）引导学生敢于实践、体验，在活动中鼓励学生多角度思维、多方法解决问题。

2）通过探索"会说话的石头"，了解成语故事中蕴含的中国历史文化，学习古人的处世原则，不断促进学生全人发展。

实施过程

一、多维思考　产生质疑

时间：3～4月初。

任务："会说话的石头"，我想知道……

随着三年级第二学期主题研究活动序幕的拉开，为了更好地让学生在探究性学习中徜徉，三年级将继续探索新校园，近距离接触学生十分感兴趣的话题"会说话的石头"——成语故事，由表及里地体会成语这本厚重的立体书。三年级学生走进"会说话的石头"，展开小调查，完成思维导图，更直接地了解学生的兴趣点。

通过任务单中的思维导图，我们发现学生的脑内活动非常活跃，紧紧围绕"成语"这一主题，他们的思考是多元的。有的涉及成语本身，如产生的朝代，是否是历史中的真实事件，谁创编的成语，有多少条，分不分类；有的涉及成语的内涵，如与生活的关系，价值是什么，有哪些智慧，是否进行比喻；有的涉及成语的外延，如其他国家有成语吗？中国成语在其他国家是否使用……真可谓还未进入研究状态，已然开始收获主题研究的硕果了。

在思维导图中，学生呈现出不同的研究方向，其中也不乏学生大胆的设想。比如，根据成语的难易程度，分配到各个年级的楼外，像知识一样由浅入深；还可以按照分类去安排成语在校园的位置。

二、以生为本　展开调查

时间：4月中旬。

任务："会说话的石头"，我要研究……

随着主题研究活动的深入，学生探索的热情不断高涨，学生将自己的各种想法在班级中进行交流，年级以班级为单位征集最佳热点问题（表1），引导学生在浓厚的兴趣中选择自己的研究主题，为日后的探索找准方向。

表1　年级热点问题统计表

序号	内容
1	成语与词语有什么区别？
2	古人受到什么启发创造了成语？
3	成语为什么会流传到今天？
4	最早的成语是诞生在哪个朝代的？
5	成语如何分布、分类？有多少种？
6	现在还有新的成语出现吗？
7	其他国家有成语吗？
8	成语为什么只有4个字？

序号	内容
9	成语的价值是什么？对我们的影响是什么？
10	学校为什么把成语制成石头铺在地上？
11	成语背后的故事是在历史上发生的真事吗？
12	成语是在进行比喻吗？
13	成语是怎样被大家公认起来的？又是怎样记载下来的？
14	成语中有哪些智慧？
15	成语和生活有什么关系？
16	中国一共有多少成语？
17	成语故事给我们（小学生）的启发是什么？
18	成语故事里有什么"小故事大道理"？

三、实践研究　解决困难

时间：4月中旬～6月初。

任务："会说话的石头"，我的实践……

热点问题的新鲜出炉，为三年级下学期的主题研究课增添了不少春色，各班由学生自由组合成实践小组，选择感兴趣的一个热点问题展开深入研究，并以文字或 PPT 形式展现研究成果。

学生对于热点问题的研究，展现了自己不同的研究方法。有的小组通过采访来了解自己想知道的内容；有的小组通过查找资料追根溯源；有的小组通过分析，发现规律，找到答案——真是各有各的高招。

在这个过程中，学生很正常地遇到了一些困难。例如，计划实施缓慢、使用的研究方法不能为结论服务、小组分工不合理等。如何有效地进行"研究"，成为老师重点的帮扶内容。对于制订一份切实可行的研究计划，年级为学生提供了一次"计划即行动"的理论辅导。虽然辅导中有的地方很专业，理论性强，但从学生倾听的状态来看，他们是各取所需，认真学习自己小组最需要的内容。老师也从各小组汇报研究计划的过程中，发现学生非常注意计划中各要素的可行性，如研究时间的合理安排、研究人员的合理设定（人员优势的取长补短，人员比重的分配）、研究方法选择的合理性（方法）。老师的"进"让学生的研究变得柳暗花明。

四、收集整理　发现端倪

时间：6月初。

任务："会说话的石头"，我的总结……

随着学生的探索研究，学生发现热点问题背后的内涵，他们兴奋不已，用自己手中的笔记整理着、总结着……

主题研究课成果汇报中，学生侃侃而谈，各个跃跃欲试。在解决热点问题时，学生发现每一个成语故事讲述的事情都是生活的经验，怎样做一件事，就会产生怎样一个结果。鲁莽做事，其结果也不理想。反之，事情的结果则会皆大欢喜。学生得出这样的结论：要学习成语故事中产生好结果的做法，同时要吸取不好结果的教训，不犯同类的错误。

还有的小组研究"每个成语故事出现的年代"这个热点问题。他们每人分到16张成语卡，分别摘录产生的朝代，最后归类。最终的结果是，最早的成语产生于春秋战国时期，而且这个时期的成语故事最多，其次是西汉，而秦朝、五代、元朝就比较少了。

通过交流，不难看出学生收获颇多。看到学生的收获，老师也非常感慨。走在成长之路上的学生在主题研究过程中，他们在团队合作、解决问题的方式、勇敢与坚持、钻研与思考等方面成长很多，也许这就是学生执迷于此的魅力所在。

 效果反馈

一、教师层面

本学期的主题研究活动课，让师生共同收获着，如同四季的轮回。

春天，我们在静静地谱写春华，褪尽冬的厚重，悠然播种；

夏天，我们在殷殷地期盼丰收，于明丽中舞蹈，辛勤耕作；

秋天，我们在欣喜地收获果实，于秋露处感叹，浸染喜悦；

冬天，我们在悄然地沉淀提炼，于银海中遐想，期待振翅高飞。

学生在这学期的实践过程中有发现，有惊奇，有疑惑，有困难，有尝试……一系列的经历丰厚了他们的阅历，更让我们为师者有了很多新的认识、新的理解和新的感悟。愿承载着主题研究活动课，引导学生学会发现、学会思考、学会研究，更重要的是学会生活。我们愿为此努力！

——段川燕主任

二、学生层面

自第六周开始，走进"会说话的石头"的实践行动开始了，同学们乐此不疲！正如"行是知之始，知是行之成"这句话，学生在成语故事中行走着，也收获着。他们在小随笔中这样记述……

最让我感兴趣的是成语石。100个生动的成语故事被雕刻在了一个个形态各异的石头上，我感慨新文化街校区连石头上都有文化！同学们对此都很感兴趣，有的同学看了一遍又一遍，有的同学常常探讨和争论里面的问题。我们小组提出了一个问题：为什么大多数成语都是4个字？为了帮助我们解答这个疑惑，杨老师为我们设计了一个表格，我们首先将看到的成语填到格里，然后又将每一个字拆开，并将这个字表达的意思填到对应的格里，我们发现如果少一个字，这个成语的意思表达就不准确，而增加一个字，就有些啰唆了。

——扬扬

离开生活了两年的官园校区，来到新文化街校区读三年级，这新校园最吸引我的就是那些刻在地砖上的成语。不但教学楼下地砖上刻着成语，而且校园里很多奇形怪状的石头上也刻着成语，真是太好玩儿了。

知道老师给我们三年线学生的奖励是什么吗？就是成语卡片呀！这学期老师已经奖励给我120张成语卡片了。这可不是普通的成语卡片，而是非常特别的成语卡片，是我们新文化街校区独有的。每一张卡片上，除了有一个成语及其释义、出处、示例、近义词和相关故事外，卡片上还注明了刻着这个成语的地砖或石头在校园的位置。譬如，"标新立异"这张卡片上，就注明位置在"绿楼前小院内"；"毛遂自荐"的位置在蓝楼、黄楼之间；"开卷有益"的位置在腾飞雕塑旁。看到这样的成语卡片，连我爸爸都说，他有些感动，学校为我们想得太周到、太用心了，让他一下就想到李校长讲的那句话——"以爱育爱"。

妈妈也说，这些成语卡片"不但会讲故事，而且会动"。我说，这120张成语卡片现在就是我探索新校园的"寻宝图"，通过这一张张寻宝图，我在蓝楼、黄楼之间东侧，找到了"一诺千金"这个宝贝，在粉色教学楼前面嬉闹时，我找到了"自相矛盾"这个宝贝。我和同学们还在黄色教学楼东侧，按卡片上记载的相关故事玩"乘风破浪"的游戏；在绿色教学楼下面表演"邯郸学步"的故事。

——鹿鹿

心得与反思

本次活动中，学生的反应大大出乎我们的意料。

一、收获思维

随着研究的深入，学生的思维也丰富起来。活动中两次交流主题：前者是输出，后者是选择；前者是脑内活动反射性展现，后者是深度思考筛选的产物。虽然第二次的交流是一种调整、梳理，但过程中思维处于不断加工的优化状态，同时也能感受到学生思维的广度、深度。与其说学生提出的问题让我们激动，不如说这种思维由内及外的释放让我们舒服、自然。

后续的研究中，随着问题一层一层拨开，学生的想法越来越多。毋庸置疑，我们真的收获了学生的思维。

二、收获方法

其实，从设计这次活动的初衷来说，我们最担心的是怎样研究，这个研究是否能够进行下去，充分做到"为者常成，行者常至"。这次活动中，针对后面的研究，我们给出一些理论支持，却发现学生没有排斥这些较枯燥的理论，反而提出一些不太明白的问题，其间没有羞涩、担心和为难。虽然研究方法很多，但各个小组不是随便使用，而是根据自己研究题目的需要选择性使用。

特别是在后期的实践中，学生发现集体探究的弊端——费时又费力（人力），而且效率低（100 个成语故事石散落在校园的各个角落），于是他们开始分工操作，根据研究需要分为研究员、记录员，几位研究员利用课余时间收集资料，主题研究活动课上几位记录员进行记录，与此同时，他们根据记录员摘录的内容进行对比、寻找联系，逐步发现一些端倪，及时进行总结。这样一来，大大节省了时间。

这些是主题研究活动过程中自然生成的，它让为师者看到每位学生身上存在的即将释放或已经释放的小宇宙，而这样的学习也正是学生期待、向往的。在不知不觉中，我们收获了学习方法。

我们更希望在主题研究活动中引导学生理解"为者常成，行者常至"这八个字的含义，因为坚持不懈做事的人，总会成功；不停步向前走的人，总会到达目的地。我们深信让学生经历体验，在实践中把自己当作社会人，借助主题研究活动平台陪伴在路上的学生不断前行，逐步实现全人发展的终极目标。

运动与水

慈建芳、姜 茜、宿 梅、宋 征

研究时间

2014～2015学年度第二学期

确定主题的缘由

选择运动和水作为三年级的研究主题，我们是有初衷的——期待学生从人文科学和自然科学角度去认识、感受客观世界。运动和水都有一种精神，一种涵于内在的精神，一种当代小学生需要的精神。比如，运动的精气神、水的优秀品质，都是我们在学习过程中可以汲取的。经过教师、学生共同推荐、筛选研究主题，确定此次主题研究课的研究主题为"运动与水"。"运动与水"的主题，从不同学科视角，引导学生发散思维多元思考，并根据自己的研究兴趣与能力确定小主题，从而去深入研究。例如，音乐学科以"水知道答案"切入主题，引导学生从音乐学科的角度，思考音乐对水的形态的影响；体育学科以"多彩的运动"为视角，引发学生发散思考。

研究目标

培养学生对"运动与水"主题进行多角度、多面向、立体化、多元化的思考，逐步构建出"宽而融"的系统思维。

实施过程

一、准备阶段：全科视角——全面了解

第一次主题研究课围绕"运动与水"这个主题，发散思维，从各个学科去思考研究角度。各个学科的任课教师通过电视台与学生共同交流，启发学生开放视野、开放思维、开放研究途径和研究方式。

在此基础上，为学生提供第一份任务单，上面列出了所有的学科，要求学生在深入研究之前，先完成"从不同学科去独立思考同一个主题，并通过查找相关资料，构成对该主题的全面了解"这一过程，从而打开学生视野、拓宽学生思路，在一种"宽而融"的知识储备和系统思考的基础上，启发学生选择自己感兴趣的内容发起研究，启发学生面对问题或解决任务时各种知识和能力的综合应用。

二、研究阶段：自主选择——自主研究

（一）自主选择

尊重学生自主确定的研究主题，在集思广益的基础之上，学生再次以班级为单位选择，最终确定了"运动与水"作为本学期的研究主题。

（二）确定研究主题

在"运动与水"的研究主题下，学生申报感兴趣的研究小课题，教师根据特长和兴趣申报，最终双向选择，确定了 14 个研究主题，共 8 个学科，28 位教师参与指导。

（三）自主研究过程

本次研究有 14 个研究主题，每一个小研究主题的课程有 4 次研究，每次课程 70 分钟。

1. 第一课时（70 分钟）

提出研究的主题，发散思维，展开讨论，确定出几个大主题下的小主题。以导图的形式呈现，初步形成对所研究主题的一级认识。

2. 第二课时（70 分钟）

交流各自的研究小主题，说清研究理由及方法，展示查找的相应资料，进一步完善思维导图。图1～图3列举学生围绕"运动的损伤""运动鞋""奥运会"绘制的思维导图。

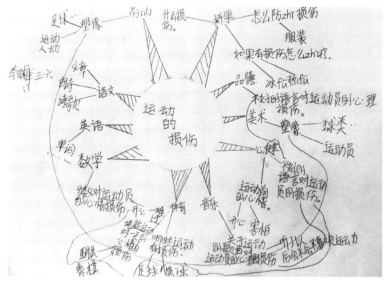

图 1　运动损伤的思维导图

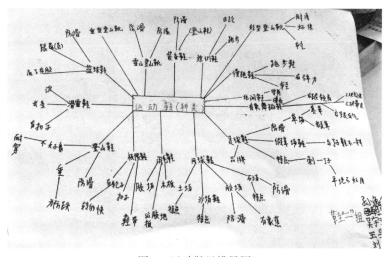

图 2　运动鞋思维导图

3. 第三课时（70分钟）

全班交流，并针对每一个小主题进行讨论，互通有无，初步形成研究结果。

4. 第四课时（70分钟）

继续全班交流，选出进行集体汇报的小组。针对最终汇报的成果，加以讨论，达成共识，形成汇报方案。选出的汇报人员自行准备 PPT 及演说稿。

以其中一个研究主题——"水的实验"为代表，其研究过程详细如图 3 所示。

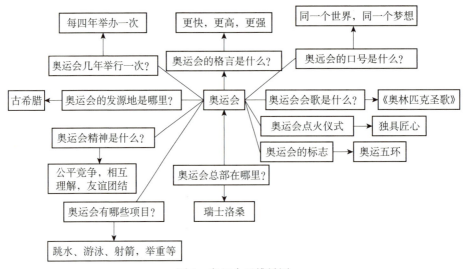

图 3　奥运会思维导图

第一次课程：在第一次打乱年级组成科学班的时候就让新班级进行讨论，从安全、纪律等方面制定了班级的规则，在制定规则后没有马上分组，而是由老师带领学生进行了个人小主题的头脑风暴，每个人说出自己的主题研究方向及初步的措施。在老师带领下将小主题分类。之后由老师跟学生一起分析讨论，怎样的主题是适合研究的主题，为什么要进行这样的研究。在众多主题中，通过一到两个案例讨论，学生逐渐对自己的选题有了新反思，有的对选题进行了修改，增加了可实施性；有的重新进行选题，确定了选题的目的和意义。每个人确定了自己的新主题。

第二次课程：大家汇报了自己想研究的主题。全班按照个人主题进行了分组，志同道合的小伙伴成为新的小团队。每个小组确定了自己组内的分工和研究计划。这次课后，每组都有自己详细的研究方向和计划分工。比如，有的组研究紫甘蓝水在不同酸碱度水的变色反应，有的组研究不同水浇花对花卉植物的影响，有的组研究不同水中微生物的情况，还有的组研究湿雾对抑制灰尘的作用。

第三次课程：由于有了合理的分工和明确的目标，在第三节课上，有的组自己带来了实验的材料进行实验。因为上课的位置在科学教室，所以学生进行实验非常方便，学生还通过预约登记，借烧杯、培养皿、显微镜等来完成自己的小实验和研究。有的组是行动派，在这一次课的基础上已经有了初步实验数据；有的组是计划派，虽然没有马上开始行动，但是把实验分工得非常详细，每个组员都得到详细的计划，回家完成实验。在实验过程中，我们发现有的组实践能力非常强，基本上都是老师稍加指导，学生自己就能很顺利地完成研究。发现有的组想法非常好，但是在实践中遇到的困难比较大，老师就需要和学生一起讨论，让学生自己明白我为什么要做这样的研究，这样的研究好在哪，我到底在哪部分遇到了问题，整理学生的思路，从杂乱无章的想法中逐渐梳理出条理清晰的具体流程，并提供必要的技术支持，让学生体会到科学不光是敢想，还要会想、有条理、能实践，敢于实践自己的想法。

第四次课程：每个组基本完成了自己的实验过程，进度不一，但是基本已具雏形，表达相对清晰、明确，能够说明自己要做一个怎样的实验，为什么要做这个实验，并为汇报做充分准备。小组分别进行自己组内研究的汇报，包括选题的思路，人员分工，实验计划，以及现在成果：有的组通过PPT进行展示，有的组自己制作植物手册，还有的组现场展示实验。

总体而言，在此过程中，学生有四次自主选择的机会，即选择主题，班级选择年级主题，选择小研究主题，选择研究中个人分工；学生有四次思维导图制作过程，即自己对研究主题设计的思维导图，完善年级思维导图，自制小研究主题思维导图，小组对研究主题完善；学生自主实验和研究的时间比较充足，通过这一过程，学生研究问题的能力得到极大的提升。

三、结果汇报：自主汇报——再拓认识

汇报分为两大部分。

1）对本研究主题内的汇报进行修改，并选取最有代表性的小组到全校汇报。以相同研究主题的同学为单位，参加各个主题汇报。在这样的汇报过程中，学生相互借鉴，学习不同主题下的研究主题、研究方法和研究结果。

2）学生带着自己的研究成果回到自然班级进行汇报，班内14个小研究主题的学生进行成果交流。某一课题学生进行汇报，其他课题进行质疑，该课题学生进行答疑，在这个过程中学生对某一个研究主题的认识更加深刻。

❋ 效果反馈

具体到每位学生在主题研究课上的表现，我们根据以下评价标准（表1）进行评价。满分20分，分别包括学生在自主过程的4分、选择过程的3分、实践过程的6分、体验过程的4分和结果评价的3分。每位学生人手一张评价表格，

根据三级指标进行自评，同时小组其他成员根据三级指标从以下五方面进行他评，最终指导老师根据自评、他评和课堂表现评定该学生主题研究课的成绩。

表1　评价标准

一级指标	二级指标	三级指标
自主过程 （4分）	自主选题	能根据自己的学情和兴趣有目的地选择小主题
	自主参与	1）能专注倾听，能与伙伴互动提问、解答问题 2）能做到守纪、讲规则
	自主修正	愿意接受老师、同学的意见和建议，调控自己的情绪、行为、观点
	自主评价	自评他评，客观友好，体现自信、大气、阳光的心态
选择过程 （3分）	选择研究组	课程组选择合理、明确
	选择内容	研究内容自我感觉有意义、喜欢、有优势，并愿意坚持投入学习
	选择得失	在有多种选择的情况下，能首选可发挥优势、弥补不足的内容，放弃自己一时的偏好
实践过程 （6分）	组内合作	1）小组合作愉快，分工比较平均、合理 2）小组分工明确，乐意承担适合自己并有挑战性的内容
	多元商讨	1）乐意与别人商讨，听取别人多方面的建议 2）能围绕研究主题积极表达自己的理解，提出不同角度的思考
	研究氛围	1）乐于了解严谨、科学的研究流程 2）乐于分享有价值、有意义的研究成果
体验过程 （4分）	经历经验	愿意分享研究中的经历或故事，至少能说一点体会或收获
	心智启迪	有启智、顿悟的愉悦体验
	优化经验	有自我改善不良习惯的意愿
	愉悦体验	有成功与成就感的良好体验
评价过程 （3分）	成果分析	1）乐于展示自己的研究成果 2）客观评价他人的研究成果
	反思领悟	1）快乐接受老师、同伴的评价、分析与建议 2）愿意分析自己的优势与不足
	调整规划	与伙伴讨论、规划自己研究的步骤和流程，愿意调整、明确自己继续研究的方向

　　注：上述评价指标结合三年级的水平、能力及特点修订；也作为理论上的初步实践及动态的指标，随着课程的实施进一步修正和完善。它既是教师执行"过程模式"课程设计的总的评价依据，又是学生自我评价的依据。其重在考查学生在语文、数学、主题研究课思维水平的提升，研究意识的提升，以及应用知识进行实践研究、解决问题的能力提升。学生在使用具体可操作性的评价表格进行自评和他评的过程，也正是理解主题研究课学习重点的过程，大部分学生能够规范自己的行为，积极参与研究过程，也有个别学生很难找到志同道合的小伙伴进行研究，在这种情况下，让其进行个体研究也是一种不错的选择。

一、角度广

开阔的角度是主题研究课成功的一半。运动主题一直深受学生的喜爱。三年级开展长绳活动，早已成为各班每天的必备早餐。全员参与的过程使每位学生都感受到互帮互助的快乐，更使大家感受到了团队合作的力量。这些在运动主题的汇报中也随处可见。

奥运主题的汇报凸显了奥运精神——更高，更快，更强。学生不仅仅关注了奥运中的明星（人），更关注了点火的方式（事），这背后是一种智慧的引领。怎样点火？为什么这样点火？引发学生一连串的思考。当学生听到70米外的一支箭直接射入火炬坛的背后是成千上万支箭的艰辛，便情不自禁地发出感叹，感叹声背后是一种情感的互通——付出总会有收获。围绕点火方式学生介绍了其中的经典之作，详见图4学生PPT。

图4 奥运会成果汇报

关于运动鞋的主题更是有趣。运动需要器械，运动鞋虽小，却承载着安全，承载着文化。学生从运动鞋的品牌拓展到企业的文化，又联想到运动的保护等，管中窥豹，可见一斑。

不仅如此，学生还关注到运动背后隐性的规则，有些学生就是从身边的游戏入手，将游戏的规则进行改编，我想在这个过程中，学生体会到的是对规则的敬畏和理解。当规则制定后，实施中这样、那样的情况使得大家对规则的修改完善又有了新的认识——原来一个合理的规则需要不断完善。

水的主题更是丰富多彩，有水的形态、水的污染、水的作用、水的种类、水的品质、水的文化和水的形成等。从水作为物质本身到水带给我们的利与弊都成为学生研究的对象。

主题研究就需要学生的思维广，学生想得到多种角度的研究就是思维广的一种体现。

二、融合巧

在研究过程中，充分体现出多学科、多角度的融合。通过水的实验学生运用数学进行数据的统计，进行音乐和美术学科的展示。当看到水随着音频的变化而改变流向时，大家发出了惊讶的声音，原来音乐的力量是可以看到的，真是不可思议！通过诗歌和书画的方式学生感受到了关于水的诗句饱含了诗人的情感，有奔放的、有柔软的，每一种语言都带着温度。通过现场的小游戏大家感受到了体育带给大家的快乐。通过现场的小实验大家感受到了科学学科的特点，并且学以致用。大家亲眼看到数据的变化，感受着实验的力量，更体会到自己也能做些伟大的事情。

这背后是各学科教师的辛勤付出。例如，科学小实验的研究团队，每一次都根据学生的需求，制订行之有效的计划并逐步实施，呈现出科学学科的特点——求真。每位学生虽然呈现出的是单一学科，但在研究过程中都是从全学科的角度进行思考。

三、形式新颖

你一定想不到一个三年级的主题研究汇报形式会如此丰富：有游戏的展示，有诗歌朗诵的展示，有现场书法的展示，有现场试验的展示，有视频的展示，有课本剧的展示，有现场互动的展示……每一个精彩节目的背后都有学生的无限创意和教师的细心指导。开始我们还担心三年级的学生能有怎样的呈现呢？会不会只是 PPT 的展示加上一问一答呢。看来这种担心是多余的，三年级的学生完全可以呈现出异彩纷呈的节目。从中我们体会到，学生的潜力是无限的，当我们搭建了合适的平台，学生便会呈现出卓越的精彩。

四、师生共同发挥主体作用

这学期我们的主题研究课形式也有了变化——双平行。学生根据兴趣，走班上课；老师根据学科特长和兴趣，走班教课。

（一）老师层面

老师走班，充分发挥了教师的学科特长和兴趣，与之前班主任加副班主任的形式相比较，既发挥了教师的学科支持性，也关照了教师的兴趣，是更加人性化的表现。因此，本学期教师层面的几个亮点，如李立洁老师音乐与水的融合；李安老师从雕像里看到力量的美，视角新颖，使大家眼前一亮。

（二）学生层面

发挥每个学生的长项，使一批学生有精彩的表现。由于这学期的主题研究课更加着重"宽而融"，因此学生可以根据兴趣，选择自己喜欢的主题，与志同道合的同年级小伙伴组成研究团队。学生平行不仅发挥了自身的特长优势，强强联手，更使大家交到了新朋友。

学生收获

自从参加了"奥运会"这个主题研究课，我不仅从老师和学生那里知道了很多关于奥运会的知识，还从准备资料这个环节体会到了团结就是力量。每个人只要准备一点资料，我们的汇报就会是精彩的。

我知道这个世界上不是所有人都有着健全的身体，但是很多残疾人为了自己的梦想敢于拼搏，敢于奋斗。他们值得我们敬佩，值得我们学习。每一个人都会有梦想，每一个人都希望实现自己的梦想，但不是每一个人都能实现自己的愿望，除非你去拼搏、去奋斗。

每一个运动员都为了自己国家的荣誉而艰苦奋斗。因此有很多运动员带伤进行比赛，这是我印象最深刻、也让我最为感动的。

让我们向那些伟大的运动员学习，一起为祖国的荣誉和自己的梦想而艰苦奋斗吧！

回顾本学期的主题研究课，有几点方法在实践中行之有效。

1. 建立微视频群

微视频群将学生当下的精彩传递。借助微信的"微视频"功能，老师将精彩的镜头随拍随上传到群里分享，这样动感的画面就在老师中间传开，主题老师择优与学生分享，有利于大家了解相邻主题研究的内容。

2. 突出的系统性

根据系统性原则，每位教师是大课程的主人。每周的主题研究课都有一位负责人，我们称其为主人。教师将学生当次作品电子版、活动精彩瞬间记录下来，一并发给这位主人；主人会汇总资料交给主题研究课的收集者——管家慈建芳老师、姜茜老师，进行年级的整理和记录，最终上交给学校主管主题研究课的领导。

3. 开天窗

开天窗使每一次进步都站在前任的肩膀上。我们将活动作为一个大程序，每周的主题研究课，我们会及时总结进步和不足，反思怎样能做得更好。因此，这学期的主题研究课是一个循序渐进的上升过程。学生从最初的懵懂跌撞到柳暗花明，到自主探索，到意犹未尽，以及最后呈现的 14 个主题结果，较上学期相比，都是更加有趣、丰富和深入的。

见微知著 润育心田
——我发现：探索新校园

韩 伟、段川燕、杨 蕊

研究时间

2013～2014学年度第一学期

确定主题的缘由

学生刚刚步入新文化街校区，既对学校的生活感到陌生，又对校园环境充满好奇。老师经常会听到他们在私下议论：这四合院古香古色，一定有宝藏，走，去找找……你知道吗？三楼有很多动物标本，还有穿山甲呢，走，去瞧瞧……我看见粉楼有个玻璃屋子，里面有书又有棋，走，去玩玩……

老师看到学生的这种心理迹象，对14个班学生进行随机调查，每班抽取3名学生进行访谈，这种好奇、兴奋、想了解的心理充斥着整个学生群。

为了更好地帮助三年级学生适应学校的学习与生活，感受新校园的自然景观和人文景观中赋予的智慧，三年级组老师顺应学生的心理，在师生共同商讨下，确定2013～2014学年度第一学期主题研究活动主题为"我发现：探索新校园"。全体三年级学生参与并诚邀各个学科加盟，利用每周语文综合实践活动的1课时开展主题研究活动。

研究目标

1）根据学生需求，帮助学生密切联系校园生活，推进学生对新校园的了解与认识，逐渐适应新校园生活。

2）引导学生参加实践，发现校园里的新事物、新规则等，多角度看问题，并展开一些思考，解决一些问题。

3）学生通过对校园中自然、社会和自我联系的整体认识，自觉遵守规则，不断发展学生良好的个性品质。

 **实施过程**

一、第一篇章：走进校园

叶圣陶曾说过一句话："行是知之始，知是行之成。"于是，我们决定顺应学生好奇探求的心理，将学生从"被动得知""被动守规"中引导为"主动探知""自觉守规"。老师给学生三周时间，以小组为单位，制订计划，走进新校园，共同发现。学生可以通过观看校园导图（图1）了解学校的全貌，知晓校园各部位的安排。为了进一步走进校园，学生漫步在校园中，观察校园内的各种植物、教学楼内的科技角的设施，从而感受人文环境的优雅与美丽。

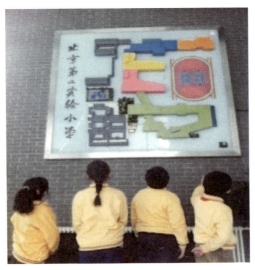

图1　学生观看校园导图

二、第二篇章：探索发现

所有的学习都是从"走进"开始的，其实在这些小小的记录单后面蕴含着大学问，也激发了学生小问号的产生，最终凝聚成为一个个智慧。学生在发现中探索，在探索中认识，在认识中提升。

（一）发现自然景观的美

学生发现新校园里植物特别多，他们记下想知道的问题或不懂的问题，请教科学老师。在科学老师的指导下，学生观察植物的变化，进行记录，写下了思维图和观察日记。学生在日记中纷纷记录下自己观察到的植物，其中包括叶子的形状、植物的结构、花朵的颜色等。

学生对校园里的建筑有兴趣，提议美术老师带他们在校园里写生，用所学的色彩、透视空间等方法记录新校园的美丽。

步行在校园里、楼梯处、厅堂内，学生还发现新校园里有许多古人的名言，地上铺着成语故事。看一看，读一读，他们觉得很有道理，但又有些不太懂，那就抄下来，查查资料，问问老师。

一步一景的校园——这本立体的书，也成为开展主题研究活动的重要内容，老师利用学生发现的这些内容，有的放矢开展学习。对于美丽的自然景观，我们开展了"晒晒护校小妙招"的活动。在活动中，学生献计献策，创设了许多爱护学校校园环境的方法，并努力落实到日常生活中。

对于新校园国学语言，我们坚持晨读讲其意，课前颂其词，行为用其智。开展"书为心画品味国学"书法作品展（图2），还进行了"见贤思齐走进经典"校园生活课本剧的表演。

(a)　　　　　　　　　　　　　　　　(b)

图2　学生彩笔画校园

（二）学生实践感受——习作三篇

美丽的四合院

我们的校园很大很美。有漂亮的教学楼、宽阔的操场、安静的四合院，还有篮球馆、游泳馆、阳光屋……今天，我给大家介绍一下四合院。

那时我真希望时间能过得快一些，这样我就能很快升入三年级，天天看到西单校区的四合院了。

刚一进四合院，你会看到许多漂亮的花草，还有两条石头路。走过那条弯弯曲曲的小石头路，你会看到许多郁郁葱葱的竹子；走过那条笔直宽大的石头路，就会来到鱼池。

我最喜欢四合院中的鱼池了。夏天时，鱼池里会有许多五颜六色的金鱼，它们总是一群一群地游动，像一支团结的队伍，同时也像一条巨大的鱼。当我站在水边时，它们就马上躲到木桥下面，好像非常害羞似的。

鱼池里还生长着许多莲花和荷叶。荷叶是嫩绿色的，像一把绿色的小伞，莲花则是粉红色的，它的花瓣呈水滴状，要是将它倒过来，既像一盏台灯，又像一顶帽子。

鱼池上有两座木桥，旁边还有一棵参天古树。看到水面上映出来的树影，都让人分不清这是一幅美丽的画，还是真实的景色。我和小伙伴们经常来这里一边聊天嬉戏，一边欣赏着这幅美丽的"画卷"，度过了许多美好快乐的时光。

感受新校园

记得去年二年级期末的时候，当老师告诉我们明天将要到新文化街校区参观时，同学们个个儿都激动万分，欢呼雀跃，因为这是我们期盼已久的校园。听老师说，只有平时表现好的学生，将来才有资格进入那里学习。

走进新文化街校区的大门，一个精致石雕首先映入我的眼帘，在一本大石书的后面立着一个巨大的"爱"字，从石书里跳出大小不一、五颜六色的圆环，正飞向上方"一只展翅飞翔"的不锈钢课本，预示着我们在这所充满爱的学校里，学好知识，将来会在蓝天中自由翱翔。

绕过教学楼，我们来到了宽阔漂亮的操场，四周绿树成荫，空气清新。篮球架子穿上了绿色的新衣，站在老远的地方向我们招手，四条红绿相间的塑胶跑道像地毯一样，在欢迎我们的到来。高年级同学有的在生龙活虎地练习跳远，有的在跑道上争分夺秒地赛跑，还有的在你争我夺地打篮球。想到今后我们也能在这里上体育课，心里美滋滋的。走在操场上，我发现校园里有四座现代、漂亮的教学大楼，分别是绿色、黄色、粉色和蓝色的。老师告诉我们说："三年级的楼是绿色的，表示我从分校走进本部，就像一颗颗新苗破土而出。"

接着，我们参观教学楼，体验校园文化。

一楼是体育主题，有一张照片吸引了我，那是在鸟巢运动会上拍摄的，一个队伍方阵走过主席台，用英文大写字母 LOVE 组成的图案，真让人震撼。

二楼是读书的好去处，大厅墙上贴着许多名人名句，还有中外名著的图片，让同学们在书的海洋里徜徉。

三楼楼道的墙上有 56 张民族图片，可以了解各个民族的风土人情。楼道的一角是音乐角，墙上贴着校歌，一架钢琴摆放在角落里，我兴奋得手有些痒痒，真想上去试试。

楼道的文化太丰富了，四楼大厅陈列着各类动物的标本，最让我感兴趣的是各种鸟类的标本，好多鸟我都叫不上名字，它们栩栩如生，我仿佛能听到它们欢快的叫声。在这里，我们能了解各种关于动物的生活习性，真是太棒了！

学校还有图书馆、篮球馆、游泳馆、大会堂、电视台、音乐教室、跳舞教室和童心室……我一天一夜都说不完。我想，北京第二实验小学不仅是学习知识的地方，而且还是我们活动和成长的场所，我们能在这里学习和生活是幸运的，今天我们为能在北京第二实验小学读书和学习而感到骄傲，明天北京第二实验小学会因为我们而更加灿烂辉煌。

探索新校园

本部是我们小学成长经历的第二个校区，也是我们三年级来到的新校园。

一踏进校门，我们就感受到了爱的气息——飞扬的"爱"的雕塑。这"爱"是用石头做的，因为石头又厚重又坚固，代表"爱"是牢固的。难怪古人把"爱"字里面写一个"心"字，原来是为了有"爱心"，现在，又变成了"友"字，可能是为了"友爱"吧！

走进校园，就能看到四座颜色不同的教学楼。三年级是绿楼，是大自然的颜色；四年级是粉色的，像个优雅的淑女；五年级是黄色的，代表阳光大气；六年级是蓝色的，好像是他们离别时流下的眼泪。每天，我们多姿多彩的学校生活就从这里开始了。

走进三年级的教学楼，首先会看到一个"大鼓"，它是红色的，第一眼看，还以为就是一个鼓，再走近点儿，才发现是个鱼缸，里面有各种不同颜色的金鱼。在"大鼓"的左边有一架钢琴，琴声清脆悦耳，我想这美妙的声音一定是在赞扬大自然吧！

早晨，走北门的同学会看到一座古香古色的钟楼，它历史悠久，已是很旧的了，好像在提醒同学们"一日之计在于晨""少壮不努力，老大徒伤悲"，让我们爱惜时间，好好学习。

大课间，同学们有很多有趣的去处。爱安静、想放松的同学可以去四合院，这里静悄悄的，好像在上一堂文化课。四合院的走廊上刻着精美的绘画，院子里有个池塘，水面上漂着荷叶和荷花，"清风徐来，水波不兴"。池塘上有座小桥，走在桥上，看着水里游来游去的小鱼，真开心。

阳光房更是同学们爱去的地方，这是为方便同学们做游戏而准备的。那里四季都充满阳光，植物长得结实挺拔，同学们玩得吵吵闹闹。

想要长知识的同学可以去图书馆、科技长廊、书法连廊、动物标本和作品展示区看看。100个成语故事石头更是探索新校园的重大发现。它们虽然是一块块随处可见的普通石头，但它们的含义有很多。石头上刻着的都是经典的成语故事，有"杞人忧天""柳暗花明""负荆请罪"等。

一年四季，学校都景色优美。春天，植物苏醒了，动物动起来了，校园显得安静、忙碌。夏天，小雨和阳光都不甘落后地争着出现，校园里热情欢闹。秋天，石榴和山楂为同学们的食物，枫叶成了我们的游戏，校园里红红火火。冬天，雪花在空中飞舞，同学们滚雪球、打雪仗，校园显得热火朝天。我们对校园的期待很大，想继续探索下去，真正懂得学校的历史与文化。

（三）在发现中思考

三周的实践活动，让学生产生了别样的思考。他们发现新文化街校区一段三年级绿色楼的楼梯和官园校区的楼梯不一样，学生使用数学对比分析的方法，将楼梯不同的特点再现出来（图3）。

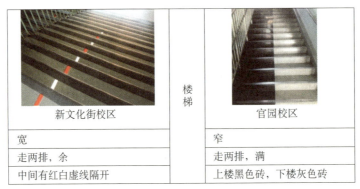

新文化街校区	楼梯	官园校区
宽		窄
走两排，余		走两排，满
中间有红白虚线隔开		上楼黑色砖，下楼灰色砖

图3　新文化街校区楼梯和官园校区楼梯的对比图

对于这条红白虚线，学生联想到无声的规则、隐形的护栏，保护着自己和同学们的安全。通过对社会生活中交通标志的观察，对交通标志中红、蓝、黄三色的深入认识，一个小小的建议诞生了。例如，在交通标志中，黄色是警示提醒的意思，我想建议学校将红白线变为黄线，再加上荧光效果，这样在比较暗的时候会更醒目。

经过整理，从学生93条建议中筛选出16条有价值的建议。

1）在100个成语故事旁围上一条黄线，以防踩踏。

2）希望小花园可以栽培更多的植物，供学生参观。

3）楼梯上的红白线换成荧光黄。

4）希望科技长廊、生物角再丰富点。

5）建议学校多设一些标识。

6）增加一些成语故事。

7）希望有更多的展品供学生参观。

8）希望改变窗台，窗台加宽，下面多放书。

9）图书里多增加一些外语书，这样可以提高学生的外语水平。

10）设立"美学玩做"的标语。

11）四合院文化介绍多一点。

12）楼顶建一座屋顶花园。

13）楼内设施把尖角改成圆的。

14）三年级也要有阳光房。

15）建议班级内设立电子书。

16）设立游戏器材。

这些建议有的是关于校园景观建设的，有的是关于学生安全保障确立的，有的是关于学生文化建设的，还有的是校园器材配备的问题，回顾一条条建议，能够深切地感受到学生对学校那份独有的爱，他们愿意成为学校的主人，享受身在其中的快乐；他们愿意参与学校的建设，让每位学子陶醉在这令人神往的学府。

（四）实践中生成问题

在学生越来越主动的探索和越来越活跃的实践中，三年级也收到了黄牌警告：三年级的学生太皮太闹了。为此，老师静下心来深入思考。北京第二实验小学培养的是大写的"人"，一撇是会思考，一捺是会交往，尤其要成为懂秩序、守规则、尊重他人的人。所以，三年级的主题研究从自然走向人文，从客观环境走向人的内心与个人修养。同样，带学生从主动探索和发现开始，从发现新校园中的文明、友爱、守纪、尊重开始。

1. 我与集体：美的行为——水试验

这次探索是走进校园的社会生活，"学会交往"的学习是从一个实验开始的。

（1）水试验三部曲之一——墨水

在一杯清水中滴入墨汁，当学生看到墨汁在水中扩散，心情变得沉重，一些遗憾的心声不断涌出。变黑的水让学生心里怪怪的，有些难过，认为可惜了这杯清水。

（2）水试验三部曲之二——无色

看到一滴一滴无色的水落入水杯中，学生看到的是水杯中的水在上升，于是产生这样的思想：自己就是集体中平凡的一滴水，会给集体增添力量。

（3）水试验三部曲之三——彩水

看到水中五彩的颜色不断扩散，学生纷纷赞叹：哇，水变得五彩斑斓，如仙境一般。真是太美了！

通过这个实验，学生不仅知道了规则是隐形的护栏，更深刻地理解到"勿以善小而不为"，他们都是重要的一滴水，为集体担当，为集体增光添彩。

两篇学生的思考感悟

集体中的一滴水

今天上午，我们语文曹老师给我们上了生动的一课！丰富多彩的课堂上，老师还给我们做了一次有趣的试验呢！放学回家后我自己照着曹老师课上讲的又重做了一次试验，试验的名字叫"集体中的一滴水"。

首先我把三个玻璃杯都接上大半杯清水，另外准备好墨汁和吸管。先拿其中的一杯水做第一个实验：我把吸管插进墨汁里，捏住吸管吸了几滴墨，滴入这杯清澈见底的水中，那清水立刻有了黑色，只见墨汁不断地扩散，最后，墨汁悄声无息地把清水染成了乌黑浑浊的水。

我正要做第二个实验的时候，我妈妈来了，当她看到那杯乌黑浑浊的水时，非常惊奇，问道："乔，你在干嘛？""哦，被我染的。"我无比惋惜地说。可是，我也并不想这样呀，为了做实验只能说我没办法了！我把一些清水注入第二杯清水中，让它从250毫升变到300毫升。可是，我下一步非常残忍，要往这第二杯水中滴入一滴墨汁！虽然我不忍心，可这是实验，我要得出结果呀！于是，我咬着牙往里滴了一滴墨汁，结果超出我想象，虽然只有一滴墨，但水还是立刻变得混浊而难看，无法补救了！

从上面实验中我发现并理解了：一个班要想成为优秀班集体，不仅每一点滴都要做好，还要坚持呀！坚持才会胜利！

下面我要做最后一个实验了，我要往第三杯水中滴彩色颜料了！我把红、黄、蓝三种颜色的颜料滴入清水中，水立刻变得五彩缤纷、美丽动人了！

经过上面的三个实验，我们应该想到如果我们个人做了坏事，就是给班级抹黑。相反，如果我们在班里都能承担一些力所能及的事情，就是给我们班贡献了一份力量！记得我曾经读过的一本书中有这样的句子："也许，成长就像划过天空的一道单调弧线，它因为友情的滋养，挫折的磨砺，责任的支撑，善良的轻抚，宽容的温暖而变得丰盈美丽，最后汇聚成一道绚烂的彩虹！"看，写得多好！最后我想对我也对同学们说："你的肩上不仅仅是书包，不仅仅是作业，更有一份责任。"我们一定要做集体中的一滴清水，绝不要成为那滴污染集体的墨汁！

寓意深刻的水实验

科学课上，老师给我们做了一个寓意深刻的水实验。

首先，老师往三个玻璃杯中倒入等量的白水。然后，老师将黄墨水一滴一滴地滴入第一杯中。当第一滴黄色墨水进入杯中，它在杯中缓缓地蔓延、扩散，晶莹透明的水渐渐地变成了淡黄色。随着第二滴、第三滴……第五滴，杯中的水也从淡黄变为柠檬黄、中黄……直到变成像熟透了的芒果的颜色。老师用同样的方法在第二杯中加入了五滴红墨水，使杯中的水变成了鲜红色；在第三杯中加入了四滴蓝墨水，使杯中的水变成了深蓝色。同学们都仔细地观察着，却猜不出其中的奥秘。接着，老师往第一杯中加入一滴黑墨水，黄色的水便立刻变黑了。第二杯红水仅用了三滴黑墨水也完全变黑了。第三杯的蓝水也难逃厄运，在加入第五滴墨水后变黑了。

实验做完了，同学们有的惊讶得若有所思，有的兴奋得交头接耳，还有的目不转睛地盯着老师。这时，老师意味深长地说："同学们，假如黄色代表活泼，红色代表阳光，蓝色代表文静，而黑色代表不良行为，那么从这个实验中你们体会到了什么？"同学们恍然大悟，争先恐后地举起手来。我更是把手举得高高的，屁股都离开了座位。老师会意地叫我回答。我高声答道："我们每个人就像一滴墨水，红、黄、蓝都是正能量，而黑是负能量。我们每个人都应该做红、黄、蓝，而不是黑色。"我的这句话立刻赢得了同学们的掌声，老师也赞不绝口。这时，王学文同学补充道："只有我们每个人都为班集体贡献正能量，我们的班级才会美丽可爱！"老师赞赏地总结说："你们讲得非常好！这个道理不仅适用于班级，而且适用于学校，甚至城市和国家。让我们都为社会贡献正能量吧，让我们的生活环境更美好!"同学们听了都频频点头。

这真是一个寓意深刻的水实验啊!

教师感言

一滴水的思考

曹琳

三年级的小朋友刚入新文化街校区，自律性比较差，规则意识尚在培养中。一个偶然的机会，心理组的韩伟老师介绍了一节有意思的心理研究课"一滴水"，听后我们都觉得非常有教育意义。于是，在一次综合实践课上，我们准备了几个烧杯，几瓶不同的颜料，饶有兴趣地给学生做了这个实验。当学生看到墨汁滴入水中水变污浊时，不由真诚地发出一声叹息；当学生看到彩色的颜料滴入清水时，水变得五彩斑斓，学生欢呼雀跃! 老师顺势引导，当小朋友们做什么样的事时，仿佛在水中滴入了墨汁? 当小朋友们做什么样的事时，仿佛在水中滴入了彩色的颜料? 学生讨论得热烈，通过实验，他们感受到了自己作为一滴水，对于集体是多么重要。"勿以善小而不为，勿以恶小而为之。"每一个小朋友做的每一件事都深深影响着集体。

这次"一滴水"的实验，深深触动了学生的心，他们的集体意识增强了，甚至知道即使是在老师不在的时候，更应该严格要求自己，做到古人常说的"慎独"。

活动之后，学生写了随笔。通过他们发自内心的感受，我们看到了他们心灵的成长。

对学生的教育从来不是一蹴而就的，需要润物细无声的滋润，更需要滴水穿石的"韧劲"。希望老师们能够在研究中与学生共同成长。

"君子之修身，内正其心，外正其容。"学生都在努力从身边小事做起：

1）学生排着整齐的队伍去专业教室上课，无需老师陪同。

2）看到地上有张纸，学生抢着主动去捡。

3）他们不在楼道跑了，因为靠右行可以让狭窄的楼道变宽，相向行走的同学不会相撞，不会受伤，他们都争着带头做到。

4）做爱眼体操，学生认真做，保护自己的眼睛，爱护自己的身体，"身有伤，贻亲忧"!

5）观看科技长廊时，学生静静地站着看，保护这些标本，下次我还能看到它们。

三分教育七分等，老师通过主题研究课似乎等到了一些变化、成长、灵感……学生的认识超出我们的想象，让我们看到这些"在路上"的学生的善性。我们为之鼓舞。

2. 集体与我：美的心灵——赞美会

随着主题研究活动的深入，学生眼睛里发现的事情在变化，心也跟着在变。

面对学生的这种变化，老师因势利导，引导学生去欣赏，去了解，去关爱，去互助，学生把自己看到的好人好事记录下来，定期与同伴分享，从而使班级成为一个心贴心、荣辱与共的大集体。

三人行必有我师焉。因此，德育十分钟、班会、品德课等成为学生互相赞美的舞台，我们称之为赞美会。

"火眼金睛发现闪光点"中学生赞美记录如下：

1）今天，我正在抄题，有一道题看不清，热心的××告诉我，谢谢××。我要学习××助人为乐的优点。

——雨凝

2）今天××没带橡皮，我借她橡皮，她用完后自觉还我，做到"借人物，及时还"。我要向她学习。

——宏涵

3）××帮白云锦找书包，真是雪中送炭。我要向她学习。

——洋毅

见贤思齐焉，见不贤而内自省也。学生视得到成语卡为进步的鉴证。

《学记》中提及"相观而善"，如果"独学而无友，则孤陋寡闻"。随着学生参加主题研究活动的深入，生成的现象不断产生，老师将"同伴学习"中的"同伴教育"植根于研究课中，为学生自我教育提供了"体悟"的新途径，实现自我调节，从而达到优势互补。

《弟子规》中说："道人善，即是善，人知之，愈思勉。"在赞赏同伴的过程中，学生的发现成为自己或同伴进步的阶梯。主题研究课像涓涓溪流，润育着学生的心田。老师发现，这是一个教学相长的过程，我们都在发现探索中进步着、成长着。这也许是师生都着迷于主题研究课的主要原因吧！

 效果反馈

丰富而有意义的体验活动，使绝大部分学生产生规则意识，能够自觉遵守新

校园的规则。学生能主动用自己的行为为班级添光彩，并带动其他同学进步。同时，认识层面的变化带动了行为变化，从而促进了良好班级文化的形成。

另外，在主题研究活动过程中，老师也感慨万分：

刘铮老师：随着主题研究活动的开展，我们看到学生的另一种活力，热爱眼中的美丽校园，在探索中发现着不一样的地方，又在不一样中思索着，不断形成自己对校园生活的认识。

洪岩老师：主题研究活动贴近学生生活，学生处于有发现、有想法、有行动的过程中，所以内在的动力爆发出来，主动性强。因此，活动本身带来的收效大，生成的有价值的东西多。

段川燕老师：通过不同学科共同发现、探索新校园，看到的内容广，对待事物的认识、理解的层面多，视野从单一向多样发展，有助于学生建立多元思维。

韩伟老师：活动本身具备育人作用。在这学期的主题研究活动中，我还发现了学生一个细微的变化。小朋友在交往中，更加懂得谦和、礼让、守规，这种微妙的变化让人欣喜。

我们也从家长层面了解到，有一次，老师打电话了解学生是否适应新校园的生活时，家长激动地说："老师，我们佳佳可喜欢新校园了，她说新校园很美，老师也好。各种学习角里有丰富多彩的内容，昨天她说发现生物角有各种动物标本，有的是自己见过的，有的是没见过的。她和她的朋友还到课外书里去找答案呢！非常适应学校的学习和生活。"很多家长在问卷中写到，孩子喜欢参加主题研究活动，不仅可以拓宽视野，增长见识，而且学到许多书本中没有的知识；孩子在主题研究活动中，产生了一些问题，让我们欣慰的不是把问题解决了，而是开始有钻研的意识，主动去查资料。

 心得与反思

一学期的主题研究课，学生有很多收获，也带给老师很多惊喜。实践使我们更加清晰地看到主题研究活动在密切学生与生活的联系，推进学生对自然、社会和自我之内在联系的整体认识与体验；更让我们欣慰地看到主题研究课的实质（图4）。

1）主题的确定要充分尊重学生的需求，最大限度地发挥学生的主动性。

2）在主题研究课的推进中，提升学生的思维方式，从被吸引到主动探究，从无序的多元探索到有序的深度探究。

3）在主题研究课的探究中，教师更关注学生的全人发展。

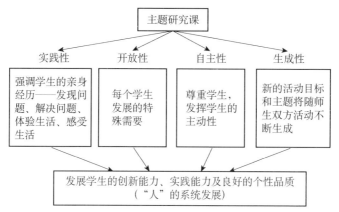

图 4　主题研究课的实质

　　在活动中我们要关注学生在实践中生成的累加，面对这种累加我们要及时调整研究方法和研究内容，本学期很多学生对 100 个成语故事产生了浓厚兴趣，所以我们确定了以"100 个成语故事"作为下学期主题研究的平台。我们愿意在润物细无声中育子使作善。陪伴在路上的学生不断前行。

非物质文化遗产

贾　敏、李爱丽

研究时间

2015～2016学年度第一学期

确定主题的缘由

　　"非物质文化遗产"项目涉猎民间文学、民间音乐、民间舞蹈、传统戏剧、曲艺、杂技、竞技、民间美术、传统手工技艺、传统医药、民俗等范畴。这一范畴的确立和研究不仅让古老的文明在时代传承中展现新的生命活力，而且通过了解"非物质文化遗产"这张文化名片，创造出学生心中国家的形象，在课堂上我们继承现代化的知识，在实践研究中我们继承、前行。我们越发感受到只有寻源问道，才能感受中国非物质文化遗产独有的魅力；只有博采先贤，才会共助非物质文化遗产文化的时代传承。我们也深信，改变的是潮流，不变的是传承。

研究目标

　　通过对"非物质文化遗产"丰富内涵的研究，让古老的文明在时代传承中展现新的生命活力，体现"非物质文化遗产"这张文化名片在国家形象塑造中的价值。明确研究主题可以从不同角度、不同学科进行研究，对今后的教育教学方式提供更多的思考。通过主题研究课，学生感受非物质文化遗产文化的魅力，发扬并传承非物质文化遗产文化。

 **实施过程**

一、第一阶段：明确主题，达成共识

共同学习思维导图，确定综合大课主题，初步引导学生多角度思考。然后年级各班级结合对非物质文化遗产主题的初步了解，对 16 个主题进行多角度讨论。通过演播室向年级各班汇报，并对今后的教育教学方式提供更多的思考；这样的教学方式不仅最大程度地发挥了教师的"长板"，同时也真正关注到了学生的兴趣爱好，因为兴趣是最好的老师。表 1 中任务单是让学生规划自己研究的主题和思路。

表 1　任务单：初步引导学生多角度思考

我研究的小主题				
我的合作伙伴及分工				
研究方法（打√）	搜集资料	问卷调查	调查报告	小制作
	参观访问	小实验	小发明	研究报告
	其他（请写明）			
学科（打√）	语文　数学　英语　体育　音乐　美术　科学　劳动　品德　京剧　劳技　书法			
收获和感悟	知识方面： 交往方面： 其他：			

二、第二阶段：动手操作，实践研究

（一）主题研究课——中国传统节日

刚刚升入三年级，各学科教师就和学生一起参与主题研究课。我们研究的主题是"中国的传统节日"。我们确定主题研究的步骤为确定研究主题—拟定研究方案—绘制思维导图—小组交流研究—分享研究成果—成果总结汇报。传统节日的形成是一个民族或国家的历史文化长期积淀凝聚的过程。传统节日无一不是从远古时期发展过来的。中国传统节日是中华民族悠久历史文化的一个组成部分。让学生了解祖国的历史是我们的历史使命。因此，从第一节课开始，我们就介绍中国的历史，请学生说一说他所知道的中国传统节日，使学生产生自豪感，学生带着浓厚的学习兴趣进行课前参与。学生根据自己的任务制订研究方案，联系各个学科、从兴趣出发绘制自己的思维导图，这是做好研究的第一步。思维导图异彩纷呈，涉及的学科包括语文、数学、英语、美术、音乐、体育等，可以说学生从兴趣出发，已经围绕主题把参与的各个角度、各个方面的研究呈现出来，为进一步研究做好了准备。

1. 小组研究

学生绘制好思维导图后，必然有自己的收获和想法，此时教师为学生提供充分的交流时间和平台，这也是活动进行中学生最感兴趣的部分。每个学生都将自己收集的资料、了解的情况、自己的问题，在组内进行充分交流。从同学那里获得答案后，又及时对自己的思维导图进行补充。随着研究的深入，又会产生新的思考，学生再去查找资料、咨询相关人士。在整个过程中，学生不仅自己乐在其中，同学们也看得津津有味。

2. 分享展示

这里要进行分享的是小组成员分工协作完成的小主题，或者是一个小问题的解答。重要的是学生有这样一个合作、分享、展示的机会和过程。然而这样的过程也是学生再提高的过程，老师和学生都会在展示中为小组提出好的建议，使得他们的问题解答得更加清楚、完整、有说服力。有的小组展示后调整，再展示，再调整，反反复复几个回合，学生掌握了解决一个问题可以从哪些方面去思考，从而逐步形成了自己的认识。

3. 总结汇报

总结汇报时虽然只是一个小组的学生在年级展示，但是这个过程中集合了全班学生的意见和智慧，比如汇报小组在对"车与雾霾"的问题分析中谈到汽车排放尾气这个原因，其他学生就建议这个只是汇报小组自己的想法，是不是应该问问大家的想法，或者从科学研究的角度看是否有这样的依据。学生设计了自己的调查问卷，小组成员对每个班都进行了抽样调查。学生就是在这样一次次相互学习中，完成了班级的汇报。当然观看年级的汇报总结对学生来说更是极好的学习。

4. 活动感受

学生在活动中开阔了就一个问题的思考角度，学会了一些解决问题的方法——"5W"和"1H"，还有收集数据、进行对比、查找资料、演示等研究方法。同伴之间的学习合作、交往和交流的愿望与能力都得到锻炼。学生对所研究问题的自主性大大增加，形式也更多样，如自制模型、自编自演小短剧、自己制作 PPT 等。

（二）主题研究课——皮影戏

皮影戏是中国民间古老的传统艺术，也是世界非物质文化遗产项目。前期的课堂教学，让学生对"非物质文化遗产"和皮影戏有了了解。为进一步加强学生对"非物质文化遗产"文化的认识和传承，我们邀请民间艺术传人走进课堂，帮助学生近距离接触、了解更多的皮影戏知识，建立较为完整的皮影戏知识体系。在专业艺人表演的过程中，学生所表现出来的极大兴趣让我们看到了传统艺术传承与发展的希望。在课堂上，学生通过画思维导图了解到这门古老的民间艺术当中隐藏着的多种艺术形式，如绘画、雕刻、戏剧等，学生更加直观地了解这门艺术，也让学生感受到了皮影戏的综合魅力。在这一过程中，学生也汲取了传统文化的营养，得到了传统艺术的熏陶。

特别需要指出的是，我们请到的"龙在天"皮影艺术团是一群特殊人群。他们有着儿童一样的面貌和声音，他们是不幸的，因为他们永远长不成伟岸的身材；但他们又是幸运的，因为他们生活在美丽的皮影世界里。正是他们那瘦小的身躯，肩负起了传承中国皮影艺术的重任。图1是在的课堂中，学生在和老师一起学习传统的皮影戏知识和制作方法。图2是学生自己设计的《西游记》人物。

图1 "龙在天"艺术团老师在上课　　　图2 学生自己设计的《西游记》人物

（三）主题研究课——景泰蓝

这学期的主题研究课指向了"非物质文化遗产"，而其中景泰蓝这一国家级非物质文化遗产是比较少有人了解的。在教学过程中，教师其实是与学生共同在研究，共同在研究中成长。

在开始选择景泰蓝一主题时，老师查阅了大量的资料，了解到景泰蓝是中国的著名特种工艺品之一，春秋时已有此技术，到明代景泰年间因制作最为精美而著名，故称"景泰蓝"。景泰蓝正名"铜胎掐丝珐琅"，俗名"珐蓝"，又称"嵌珐琅"，是古代民间能工巧匠的创作，制成器物供皇宫里面使用或观赏。景泰蓝这种工艺距离学生的生活较远，学生仅凭课下查资料，看图片，很难理解景泰蓝具体是什么样的工艺。

1. 指导过程

我们将课堂分为几部分，让学生真正去感触景泰蓝。

第一部分：看视频，初步了解工艺。

第二部分：结成研究小组，将动手实践结合进来，以小组为单位模拟景泰蓝的制作过程，用图画的形式创作自己的景泰蓝器物。

第三部分：小组汇报各自小组的主题及研究成果。学生最喜欢用微戏剧的表现形式，将景泰蓝的由来、制作过程、器物形态等用舞台剧的形式表现出来。

2. 活动后学生的感受

通过这次主题研究课，我学到了许多新知识，原来我连景泰蓝是什么都不知道，如今，我不仅知道了景泰蓝是什么，我还知道了景泰蓝的别名、景泰蓝的来历等。在课上我还模拟制作景泰蓝的过程，在图画纸上进行掐丝和点蓝等，制作出了我自己的景泰蓝瓶子。

——小隧

景泰蓝大多是孔雀蓝的颜色。景泰蓝的制作方法很繁琐，第一步制胎，用红铜制作胎形。第二步掐丝，用数千条金丝粘在胎形上。第三步点蓝烧蓝，将色料填在每个小格内，三填三烧。最后磨光镀金，一件美丽的景泰蓝就制成了！我还了解到景泰蓝的花纹也有很多，如花、云、龙凤、鸟等。我觉得景泰蓝的制作工序真复杂！我可太佩服这些能工巧匠啦！

——小耿

（四）主题研究课——"茶道"

中国人习惯了给客人倒水喝，很有礼节的行为是泡一壶香茶。我来茶道班，就是想要学习泡茶。虽然我没有被分到冲泡方法这个小组有点遗憾，但待在品茶这个组也让我十分高兴。毕竟主题汇报让我了解了很多关于茶道的知识。通过汇报，我知道了茶分六种——红茶、绿茶、乌龙茶、白茶、黄茶和黑茶。不同的茶适合不同的季节饮用。比如，现在冬天，我建议大家饮用红茶。我提倡大家做到春季饮花茶，夏天饮绿茶，秋季饮乌龙茶。一般的茶叶我们用 $100℃$ 的开水冲泡，但是绿茶只要 $80℃$ 的水就够了。在冲泡茶叶的过程中，冲茶人也要做到：头要正，肩要平。我还知道了不能空腹饮茶，不要饮过浓的茶，不要饮用冲泡时间太久的茶。我非常喜欢茶道这门课，也希望更多人参与到茶道的学习中。同时，我也感谢学校为我提供的学习茶道的机会，感谢美丽的老师带我走进茶道！

——小姚

主题研究课，我来到了"茶道班"，我了解了"品"，说起品，就是要喝三口，所以喝茶要学会三口喝。我喜欢茶道，因为我国的茶文化在世界上都是首屈一指的，茶能让人身体健康，也能让父母喝到儿女亲手泡出来的美味茶。我了解的茶种有红茶、绿茶、白茶、乌龙茶、花茶……我还知道小孩要少喝茶，喝完酒后不能喝茶，泡茶时不能温度太高，更不能泡得太久。通过共同努力，互相学习，学到了那么多的知识，这更要感谢老师，接下来我会继续努力！

——小葛

（五）主题研究课——风筝

这学期我们主题研究课的主题是"风筝"，刚开始我并不喜欢这门研究课，上了第一节课以后，我慢慢地感兴趣了。老师教我们认识了风筝的种类、制作和风筝的历史。

根据我们报的主题，老师把我们分成了好几个小组，每个小组带着不同的问题去研究和讨论，在下一节课上我们带着小组的研究成果和大家一起分享。

通过每周三两节主题研究课的学习，我开阔了视野，起初觉得很简单的内容，学习后感觉到这个主题内容极其丰富，即使研究了一个学期也没有研究完，这样的学习拓宽了我的课外知识，丰富了我的业余生活。非物质文化遗产的内容那么多，可以学习的地方也比比皆是，今后我要多听、多看、多学习，让自己成为一个有学识的人。

—— 小张

（六）主题研究课——鼻烟壶

鼻烟壶就是盛鼻烟的容器。小可手握，便于携带。明末清初，鼻烟传入中国，鼻烟盒渐渐东方化，产生了鼻烟壶。现在人们嗜用鼻烟的习惯几近绝迹，但鼻烟壶却作为一种精美艺术品流传下来，而且长盛不衰，被誉为"集中各国多种工艺之大成的袖珍艺术品"。中国鼻烟壶作为精美的工艺品，采用瓷、铜、象牙、玉石、玛瑙、琥珀等材质，运用青花、五彩、雕瓷、套料、巧作、内画等技法，汲取了域内外多种工艺的优点，被雅好者视为珍贵文玩，在海内外皆享有盛誉。

老师带着对这一主题感兴趣的学生了解了鼻烟壶后，大家又一次绘制了思维导图，从中提取出六个不同的角度来学习研究，他们分别是历史、数学、英语、绘画、工艺、健康。学生自愿选择，组成各个研究小组，展开了深入研究。

健康小组的学生介绍了鼻烟壶的化学成分，讲明了吸鼻烟壶的益处和害处；数学小组的学生介绍了鼻烟壶的价值、长度、宽度……学生在交流中对鼻烟壶有了更细致的了解，也学会了合作。最后，从每个小组中选择一名学生成立鼻烟壶主题的汇报小组，进行了年级汇报，每个主题的汇报都很精彩，大家有了更多的收获。

作为老师，和学生一起研究学习，也收获到了快乐，这种主题研究课，着实提高了学生的学习能力。

（七）主题研究课——面人

"你对面人有哪些了解？""你还想了解哪些关于面人的问题？"教师介绍面人的来历和面人制作材料的品种及一些基本的做法。观看面人的制作过程和作品的视频。课上研讨以下问题：确定自己研究的小主题；和全班同学交流自己研究的小主题；邀请面人的传人进班亲自教授学生制作面人的方法。

准备材料：纸黏土、竹签等。

主要学习的技法：揉、捏、搓、按等。

两次活动中分别以植物和动物为主题，进行专题内容的面塑。

植物篇：学做玫瑰花（荷花、仙人掌）。

动物篇：动物头，身体，四肢（青蛙、小狗）。

最后是作品的展示和收获体验的交流。

在学习的过程中，学生的交往能力提升了，他们在相互切磋中学会了合作，并大胆地展示、汇报。图3展示的是面人课堂上，老师在给学生做示范。图4是学生在课堂上制作面人用的用料、用品和工具。

图3　面人课堂上，老师在给学生做示范　　图4　制作面人的用料、成品和工具

学生的感受

这学期我们的主题研究课主题是非物质文化遗产项目，我们教授的是"面

人"课，因为学生都非常喜欢手工制作，喜欢用小手捏一些漂亮的人物、动物、植物，所以我们留出了很多动手制作的时间。在面人课堂上，学生学习了做植物和动物的技巧，学会了使用工具。同时，了解了面人的来历和面的制作，我们知道了面人从古至今至少已有1340多年的历史了，我们热爱这门技艺，想传承中国的传统文化。

——小郭

（八）主题研究课——书法

中国书法一般特指中文汉字的书写艺术。中国书法是以中国文化为内涵、以汉字为基础的独特视觉艺术。汉字是中国书法中的重要因素，汉字和中国书法是中国文化的重要组成部分。从甲骨文、石鼓文、金文（钟鼎文）演变而为大篆、小篆、隶书，至草书、楷书、行书等，汉字一直散发着艺术的魅力。书法是无言的语、无形的舞、无图的画、无声的乐。

此次活动包括老师带领学生一起了解书法及书法的魅力，师生共同绘制、完善书法课研究思维导图，在课堂上找出学生要研究的专题，说说小组的研究主题，完成小组研究的思维导图。在学习中，我们不仅了解书法名人（王羲之、王献之、管道升）及其故事。还根据专题分小组，了解书法的历史、文化，小组间交流分享书法创作，了解基本笔画以指导书写，不仅在课堂上完成作品，还有老师点评，学生以小组合作形式进行互评。还邀请书法大师走进课堂讲解书法艺术，带领学生在专业老师的指导下进行福字的书写与创作。最后进行交流书法作品。图5是学生在书法课上与老师共同完成的书法作品。

图5　学生在课堂上与老师共同完成书法作品

学生的感受

这几节课我认识的名人有王羲之、王献之、管道升。我还学习了写"福"字，我知道了最有名的福字是在恭王府，在一个大山洞里，摸摸福字会带来好运哦！我还设计了思维导图。贾老师让我们描了两首诗，然后抄下来，别看它只是描、抄，我却觉得写书法很不容易呢！最令我印象深刻的是贾老师给我们看了王献之与十八水缸的故事，我看了以后总结出了一个道理："是金子总会发光的！"

——小张

❀ 效果反馈

本学期三年级开展了关于"非物质文化遗产"项目的主题研究课，在这个大主题下，教师和学生都进行了双向选择，教师选择了自己喜欢和擅长的小主题，同时学生也根据自己的兴趣选择喜欢的主题，而新的主题班则由来自全年级16个自然班的学生组建而成。这样的教学方式不仅最大程度地发挥了教师的"长板"，也真正关注到了学生的兴趣爱好，因为兴趣是最好的老师。主题研究课的开展，不仅要求教师要跳出"专业"将学科整合，全面发散思维，同时让学生结合生活实际，以参与求体验，以创新求发展，根据兴趣结成小组合作研究，寓学于乐，感悟主题研究的乐趣。新主题班的学生在老师的支持与指导下，确定了自己感兴趣、有意研究的小主题，再根据这些小主题分成多个小组，每个小组围绕新确定的小主题开展合作式的研究。接着，小组合作，采用收集资料、小组讨论、动手实践等多种方式进行研究；老师会进入每一个小组，帮助指导和提升。最后，各小组汇报各自的研究成果，采用PPT、微戏剧展演、现场展示、小话剧等多种方式交流汇报。每个主题班还选派最具特色的小组代表整个主题参加了年级的汇报，16个不同主题的展示精彩纷呈。主题研究课既是老师一次全新的教学体验，又对老师今后的教育教学方式提供了更多的思考；既增加了学生学习的兴趣，学生又收获了知识和友谊；既培养了学生的小组合作意识，又提高了学生解决问题的能力，这是一个教学相长的双赢体验。

后　记
Postscript

《研之趣：北京第二实验小学主题研究课案例集（上、下册）》真实、全面地记录了自 2010 年至 2016 年，北京第二实验小学全体学科教师和学生全员参与"主题研究课"的实践探索过程。

"主题研究课"是北京第二实验小学践行"双主体育人"的办学理念和"学森课程"建设中，独立开设的一门综合性、探究性学习的课程。开设"主题研究课"，是基于我们对比中外学生在校学习课程的发现与思考：我国小学生在学校学习多是学科式的，教师多是单一学科任教，各科学习是"窄而深"、向纵深发展的。而未来社会需要的人才应是具有创新意识，会发现问题、解决问题的。因此，培养学生从小对任何一个事物、任何一个问题、任何一个现象，都能够多角度、多面向、多元地、系统地去思考，构建"宽而融"的认知系统，形成立体的思维品质尤为重要。

全体任课教师和学生一起参与研究，集教师团队的智慧以满足学生的学习需要，实现师生在研究中全人成长之目的。尽管年级不同，研究主题各异，对每一个主题的研究，师生都会共同经历从对主题的综合思考到提出个性问题，从个性问题研究再到聚焦主题新思考的研究过程，即从整体到局部再到整体的系统思维过程。学生结合自己的兴趣，提出研究问题，自愿组成研究小组，借助思维导图，制订多视角的任务单，开展多层面的系列研究与交流。

收录在书中的 39 个主题研究课的课例，是从这六年研究过的 85 个话题中挑选出来的。每篇文字都真实地记录了"主题研究课"从开设之初的稚嫩逐渐走向成熟的探索历程，展现了学生令人赞叹的探究潜能，汇集了教师团队的合作智慧，见证了师生在研究中的共同成长。

这些案例所呈现的也是北京第二实验小学"学森课程"建设的阶段成果。这个探索符合课程改革发展的方向，符合小学教育的规律，切实把小学生引领到生活中去，去研究、去思考，并建立一种解决问题的系统思维方式，为小学如何实施探究性综合学习的实践探索提供很好的范例。

本书能够顺利出版，在这里我们真诚感谢校长李烈从始至终高站位的教育思想、课程建设理念的引领，研究过程中一次次向问题学习的分享！衷心感谢参与主题研究的全体家人！感谢各个年级的级主任精心策划与组织协调；感谢主动承担重任、倾情投入的主题主要负责人的无私付出；还有每一位参与研究的学科教师的智慧奉献！更感谢那些参与研究的每位学生，他们的智慧分享总能带给我们惊喜，带给我们不断前行的动力！感谢学生的家长，他们的积极支持与主动帮助，是最强大的教育合力！

参与撰写案例的执笔人都是来自研究一线的老师，很多篇案例的撰写都经历了多位老师的完善与修改。

家人共携手，一路走过来，我们真切地感到研趣无穷，成长无尽。未来，我们探索的步伐会更坚实！

马丽英

2016 年 9 月